Petra Rumpel

Obermarsberg
Ein geheimnisvoller Ort der Kraft

IMPRESSUM

Petra Rumpel

»Obermarsberg – Ein geheimnisvoller Ort der Kraft«

4. Überarbeitete Auflage

© 2023 Petra Rumpel

Verlagslabel: Petra Rumpel

ISBN Softcover: 978-3-384-01497-9

Druck und Distribution im Auftrag der Autorin:

tredition GmbH, Heinz-Beusen-Stieg 5, 22926 Ahrensburg, Germany

Fotos © Dirk Hustardt.de

Foto Rittersprung © Petra Rumpel

Foto Heilstollen © Marc Schnittger, Antillu.de

Foto Petra Rumpel © Monja Litzke

Zeichnungen von Obermarsberg: © Daniel Rosenkranz

Layout, Satz, Umschlag-Design: Tom Groß, allgraphix.de

Made with ♥ Darß, Ostsee

Obermarsberg

EIN GEHEIMNISVOLLER ORT

DER KRAFT

— *Neuauflage* —

Inhalt

N
W O
S
BÜTTENTURM
DRAKENHÖHLEN
STIFTSKIRCHE
HEIMATMUSEUM
BRUNNENSTRAßE
NIKOLAIKIRCHE
RITTERSPRUNG
WASSERTURM
OBERMARSBERG

Vorwort

In und um Obermarsberg gibt es etliche Kraftplätze, an denen die
Menschen gerne verweilen und in die Stille kommen, weil sie sich
hier besonders ausgeglichen fühlen oder spüren, dass sie Kraft
tanken. Prähistorische Kultstätten, mittelalterliche Kirchen, Find-
linge, Jahrhunderte alte Baumriesen und geheimnisvolle Höhlen
gehören dazu. Geomantische Erdnetzlinien und Drachenpfade
sind zwar nicht sichtbar; ihr besonderes Energiefeld ist jedoch
deutlich spürbar. Wer diese Plätze mit wachen Sinnen und offe-
nem Herzen aufsucht, wird deren magische Ausstrahlung wahrnehmen können.

Der Kraftort Kalvarienberg oder eine bestimmte Stelle in der
Nikolaikirche – beide werde ich in diesem Buch vorstellen – sind
geradezu Tankstellen, um die Energie der Erde aufzunehmen. An
anderen Orten fällt es leicht, sich auf sanfte und innige Weise auf
sich selbst zu besinnen.

Da ich in Obermarsberg lebe, sind mir alle diese Orte vertraut.
Du hältst hier einen Reiseführer der besonderen Art in der Hand;
vielleicht macht er dich neugierig, Obermarsberg und seine Umgebung während deines nächsten Urlaubs oder an einem Wochenende persönlich zu erkunden – gern auch mit mir als Begleitung.

Meine Geschichte

Die ersten neununddreißig Jahre meines Lebens habe ich in Giershagen, einem Ortsteil von Marsberg, gewohnt, fühlte mich dort aber nie wirklich wohl und zuhause. Als ich meinen Mann Marco kennenlernte, lebte ich in Arnsberg. Dort bestand ich 2009 meine Prüfung zur Heilpraktikerin Psychotherapie. Wenig später sagte Marco, er habe das Gefühl, wir sollten umziehen, ich müsse zu meinen Wurzeln zurückkehren. Die Vorstellung, wieder in Marsberg zu wohnen, löste bei mir sofort ein starkes Unbehagen aus. Die Idee, umzuziehen, wuchs jedoch und gefiel mir immer besser. Eine Kleinstadt oder ein Dorf mit Fachwerkhäusern, mit alten, gewachsenen Strukturen, so etwas konnte ich mir vorstellen. Einige Wochen vergingen mit der Suche nach geeigneten Immobilien; die Wochenenden waren mit Besichtigungen diverser Wohnungen und Häuser gefüllt. Aber bei jedem Objekt gab es Haken und Hindernisse, die es ungeeignet machten. So hatten viele einen erheblichen Renovierungsstau, und der Umbau hätte uns viel Zeit gekostet. Mein Sternzeichen ist Widder, da ist Geduld nicht gerade meine Stärke.

Nein, das musste schneller gehen. Mittlerweile hatte ich nämlich den Wunsch, in dem Haus eine Praxis für meine ganzheitliche Arbeit einzurichten.

Ganz zu Anfang unserer Suche hatte mir Marco ein Haus in Obermarsberg schmackhaft machen wollen. Es lag direkt an der Straße und war so ungünstig fotografiert, dass ich sofort abgewunken hatte. Nun brachte er es jedoch wieder ins Gespräch, und da wir bisher so wenig Erfolg gehabt hatten, stimmte ich einer Besichtigung zu.

Am Rosenmontag 2010 saßen wir in unserem Auto vor diesem
Haus und schauten uns an: Das hier würde wohl auch nichts werden. Die Haustür wurde geöffnet, und die Familie bat uns herein.
Im Windfang nahm ich plötzlich einen Geruch nach Feuer oder
Verbranntem wahr. Gleichzeitig wurde ich von inneren Bildern
und Gefühlen an frühere Leben überflutet. Es war, als wüsste ich
intuitiv: Hier war ich nicht zum ersten Mal.

Doch jetzt ging es darum, mich auf die Besichtigung zu kon-
zentrieren. Die Besitzer führten uns von Raum zu Raum, von Etage
zu Etage. Staunend erlebten wir ein helles, geräumiges und sehr
gepflegtes Haus, mit vielen Zimmern und einem ausbaufähigen
Dachboden. Sogar der schneebedeckte Garten wirkte einladend.
Hier zu sein, fühlte sich sofort vertraut an.

Nach der Besichtigung luden uns die Besitzer auf eine Tasse Tee
ein. Marco und ich saßen uns gegenüber, unsere Blicke trafen sich,
und ohne Worte war uns beiden klar, dass wir unser Haus gefunden hatten. Wir würden nach Obermarsberg ziehen.
Danach ging alles sehr schnell. Bereits am 15. Mai 2010 zogen wir
ein, und ein spannendes neues Leben an einem besonderen Ort
begann.

Wie besonders alles werden würde, das hätte ich mir damals
wirklich nicht vorstellen können.

OBERMARSBERG,
ein historischer Ort

Obermarsberg ist ein Stadtteil von Marsberg; es liegt im Sauerland in Nordrhein-Westfalen, etwa 398 Meter über dem Meeresspiegel, auf einem Bergplateau, das an drei Seiten steil abfällt. Nur im Süden erlaubt ein Sattel, der jetzt eine Straße ist, einen relativ problemlosen Zugang. Das Plateau ist etwa 1 km lang und 0,5 km breit. Westlich vorbei am Berg fließt die Diemel. Dieses Gelände bot zu früheren Zeiten genug Raum für Häuser und Felder; es gab Schutz vor anrückenden Feinden und Zugang zum lebenswichtigen Wasser.

Frühgeschichtlich hieß Obermarsberg Eresburg. Erste Besiedlungsspuren in Form von Feuersteinwerkzeugen stammen etwa aus der Zeit um 14.000 v. Chr. Diese wurden um Obermarsberg in der sogenannten Weißen Kuhle gefunden. In der Nähe der Stiftskirche fand man Überreste aus der Jungsteinzeit. Keramikfragmente lassen auf eine Höhensiedlung im 4./3. Jahrtausend vor Chr. schließen. Wahrscheinlich hat es in der vorrömischen Eisenzeit eine Wallburg mit einer Holz- Erde-Befestigung gegeben.

Im Jahre 772 wird Obermarsberg erstmals schriftlich erwähnt, als Karl der Große gegen die Sachsen kämpfte, die Eresburg eroberte und deren Heiligtum, die Irminsul, zerstörte. Zwar eroberten die Sachsen 774 die Eresburg zurück, doch schon ein Jahr später gewann Karl der Große sie wieder zurück und ließ sie neu aufbauen. Es heißt, dass er 780 das Kloster Obermarsberg gründete, das als Propstei von Corvey bis 1803 bestand. An der Stelle der Irminsul ließ er fünf Jahre später eine steinerne Basilika errichten.

826 schenkte Ludwig der Fromme die Eresburg mitsamt Kloster und Kirche dem Kloster Corvey. Zwischen 1115 und 1208 wurde die Burg mehrfach zerstört und wieder aufgebaut. Zwischen 1200 und 1220 zogen Einwohner der unterhalb des Berges gelegenen Siedlung Horhusen (das heutige Niedermarsberg) auf die Anhöhe und gründeten dort dicht unter der ehemaligen Eresburg eine Stadt, die Mons Martis oder auch Heresberg genannt wurde. Sie erbauten die frühgotische Nikolaikirche. Die Stadt wurde mit Mauern und Türmen befestigt.

1229 wird in einer Urkunde die Zugehörigkeit der neuen Stadt zum Bistum Paderborn erwähnt. 1230 wurden die Stadt und die Propstei Obermarsberg zu großen Teilen durch ein Feuer zerstört und später wieder aufgebaut. Damals war die Stadt ein bedeutender Handelsort und im Spätmittelalter sogar Mitglied der Hanse. Wir überspringen ein paar Jahrhunderte im wechselvollen Geschick Obermarsbergs. Auch während des Dreißigjährigen Krieges wurde die Stadt mehrfach belagert, zerstört und wieder aufgebaut. Seit dem 1. Januar 1975 ist Obermarsberg ein Teil der neu gegründeten Stadt Marsberg und hat heute ungefähr zweitausend Einwohner.

PRIESTERBERG und MÄUSETURM

Jetzt geht es los: Wir starten unsere spannende Reise zu den durch Sagen, Mythen und Legenden belegten Kraftorten, die Obermarsberg zu etwas ganz Besonderem machen. Unsere Reise beginnt am Priesterberg.

Der Priesterberg ist 469 Meter hoch und liegt zwischen meinem Geburtsort Giershagen und Obermarsberg. Die Geschichten über ihn reichen bis in die Zeit der Kelten, Druiden und Nordmänner zurück.

Schon als Kind hat mich dieser Berg begeistert und fasziniert. Aus meiner heutigen Sicht verbindet er mein früheres mit meinem jetzigen Leben.

Auf den Naturheiltagen in Obermarsberg wurden mir aus der Geistigen Welt Informationen zum Ursprung des Priesterberges übermittelt. So hieß er zur Zeit der Naturvölker Donnersberg, benannt nach dem Donnergott Thor. Der dem Berg gegenüberliegende Wachtturm wird noch heute Donner-Warte genannt. Im 3. Jahrhundert n. Chr. lebten dort Druiden, weise Männer, im Einklang mit der Natur und ihren Gesetzen. Mehrmals am Tag trafen sie sich an einer großen Esche, die für sie ein Heiligtum war und das Zentrum ihrer Gemeinschaft bildete. Dieser Baum wurde auch Weltenbaum oder Yggdrasil genannt.

Die Yggdrasil gilt als Weltenachse, die unterschiedliche Parallelwelten miteinander verbindet. Sie diente den Druiden als ein Tor zur Anderswelt. Die Parallelwelten nannten sie Himmel, Mittelwelt und Unterwelt.

Mir wurde gesagt, dass unterhalb der Wurzeln der Weltenesche drei Quellen entspringen, die alle auf energetische Weise mit der Weltenesche verbunden sind. Jede dieser Quellen hat ihre eigene Geschichte. Eine von ihnen wird als Schicksalsbrunnen bezeichnet, an dem die drei Schicksalsweberinnen wohnen. Sie werden auch die drei Nornen genannt; ihre Namen sind Urd, Verdandi und Skuld. Sie halten die Geschicke der Menschen und der Götter in ihren Händen. Eine andere Quelle heißt »Brausender Kessel«. Die Druiden glaubten, dass hier ein Drache wohne, der von unten an der Wurzel der Weltenesche nagt.

Hier am Donnersberg, ihrem Ort der Magie, beobachteten die Druiden das Wetter, die Pflanzen, die Tiere und erlangten so Weisheit und Wissen. Sie erforschten die vier Elemente Wasser, Feuer, Erde und Wind sowie den Rhythmus der Tages-, Jahres- und Lebenszeiten. Ihre jeweiligen Erkenntnisse und Fähigkeiten teilten sie miteinander. Sie praktizierten Rituale und erkundeten ihre Innenwelten. Von diesem heiligen Ort mit seiner Yggdrasil – so teilte es mir die Geistige Welt mit – entsprang die Irminsul. Ich fühlte gleich, dass die Yggdrasil für das Männliche und die Irminsul für das Weibliche steht. Schon die Kelten, Druiden und Alchemisten wussten, wie wichtig das Gleichgewicht von männlich und weiblich für die Menschen ist und dass wir alle beide Anteile in uns tragen.

Auch heute noch erzählt man sich Geschichten und Gerüchte über den Priesterberg. So sollen dort Überreste alter Wehrtürme und Steingräber zu finden sein. Das machte mich so neugierig, dass ich mich im Sommer 2016 gemeinsam mit meinen Freundinnen auf die Suche danach begab. Mit dem Auto fuhren wir in Richtung Giershagen und bogen auf den Feldweg zum Priesterberg ab. Vor dem Wald parkten wir den Wagen an einer Weide und gingen zu Fuß in den Wald. Einen Weg gab es hier nicht. Plötzlich hatte ich das Gefühl, von einem bestimmten Punkt im Wald magnetisch angezogen zu werden. Ich ließ mich von meiner Intuition den Berg hinaufführen, und meine Freundinnen folgten mir. Dort oben standen einige Bäume, die mit moosbewachsenen Flusssteinen umrandet waren. Zu unserer Überraschung sahen wir, dass aus Steinen Symbole auf den Waldboden gelegt worden waren, so unter anderem eine Spirale. Wir fanden Kerzenreste und Dinge, die wir für Opfergaben hielten.

Bis dahin hatte ich nichts davon gehört, dass sich auch heutzutage Menschen am Priesterberg treffen, um Zeremonien und Rituale abzuhalten, und auch später wurde mir nichts darüber bekannt. Dennoch sah es genau danach aus.

Das Steingrab haben wir leider nicht gefunden. Denn ganz plötzlich zog Nebel auf, und wir alle fühlten uns unbehaglich. Es hatte den Anschein, als seien wir nicht willkommen und sollten diesen Ort nicht stören. Deshalb machten wir uns unverzüglich auf den Heimweg.

Unterhalb des Priesterbergs gibt es auch heute noch eine frei zugängliche Quelle mit Trinkwasserqualität, an der sich viele Menschen aus der Umgebung mit dem qualitativ hochwertigen Wasser versorgen. Ich selbst nutze das Quellwasser für die Herstellung einiger meiner Essenzen.

Zu dieser Quelle existiert eine Geschichte aus der Zeit Karls des Großen. Während des langen Kampfes um die Eresburg wurde das Trinkwasser knapp; er und sein Gefolge litten großen Durst, und sie verloren den Glauben an einen Sieg. Da geschah ein Wunder. Es

heißt, eine geheimnisvolle Stimme habe wie aus dem Nichts dem
Pferd Karls des Großen etwas ins Ohr geflüstert. Das Pferd begann,
mit den Hufen zu scharren, und sogleich entsprang an dieser
Stelle eine Quelle. Karl der Große sah darin ein Gotteszeichen. Er
fühlte sich gestärkt, feuerte seine Ritter an, und es gelang ihnen,
die Eresburg einzunehmen.

Gegenüber vom Priesterberg steht ein runder Wehrturm, die
Donnersberg-Warte. In meiner Kindheit und auch heute noch wird
er im Sprachgebrauch der Einheimischen Mäuseturm genannt. Er
bildet die äußerste Grenze von Obermarsberg in Richtung Giershagen. Mit seinen dreizehn Metern Höhe überragt er die Landschaft
und ist als begehbarer Aussichtsturm ein beliebtes Ausflugsziel.
Für mich hat der Turm noch immer eine geheimnisvolle Aura.
Wenn du einmal dort bist, versuche es zu erspüren. Vielleicht
fühlst du dich wie ein Rittersmann oder wie ein im Turm einge-
sperrtes Burgfräulein.

KALVARIENBERG

Wenn man vom Priesterberg in Richtung Obermarsberg
fährt, blickt man auf den Kalvarienberg, eine 373 Meter
über dem Meeresspiegel liegende Anhöhe. Es führt ein steiler
Fußweg hinauf. Oben angekommen, hat man einen überwältigen-
den Rundblick auf die Berge des Sauerlandes in Richtung Brilon,
auf die Stadt Marsberg und das Diemeltal und natürlich auch auf
das Plateau von Obermarsberg. Mit etwas Fantasie kann man ein

Dreieck zwischen Priesterberg, Kalvarienberg und Obermarsberg
erkennen.

Auf dem Kalvarienberg wurde 1868 eine neugotische Kapelle erbaut, die stets geöffnet ist und gern besucht wird. In ihrem Inneren ist das Heilige Grab als Endpunkt des Leidensweges Christi
gestaltet, weshalb die Kapelle auch den Namen Grabeskirche trägt.
Ein Pilgerweg über sieben Stationen beginnt an der Stiftskirche
und endet hier an der Grabeskirche.

In der Zeit der Sachsen und Germanen, aber ebenso auch später
noch, wurde auf dem Kalvarienberg die Sonnenwende gefeiert.
Dabei war es Brauch, große, mit Stroh gefüllte Wagenräder anzu-
zünden und diese vom Berg aus ins Diemeltal hinunterrollen zu
lassen.

In meinem zweiten Sommer im neuen Zuhause begann ich, mich
mit dem Kalvarienberg und seiner Energie zu beschäftigen. Dazu
inspiriert wurde ich durch ein Telefonat mit einer Kollegin. Sie
ist Schamanin und erzählte mir, sie habe aus der Geistigen Welt
den Auftrag bekommen, sich um den Kalvarienberg und seine
Verbindungen zu den Leylines zu kümmern. Diese seien nämlich
während verschiedener Zeitepochen durch Regime und Rituale
verunreinigt worden und sollten nun geklärt werden.

Bis dahin hatte ich über Leylines und deren Energieverbin-
dungen genauso wenig gewusst wie über schamanische Arbeit.
Ich wollte unbedingt mehr darüber erfahren und lud die Kollegin
zu mir ein. Sie berichtete, dass ein Freund von ihr ein Buch über
Leylines geschrieben hatte. Darin stand auch, dass Obermarsberg
über einen Knotenpunkt der Leylines mit Stonehenge, den Ex-
ternsteinen und der Wilhelmshöhe Kassel verbunden sei. Unter

Leylines versteht man unsichtbare, gerade Linien mit erdmagnetischen Kraftfeldern, die über die ganze Erde verteilt sind. Sie verbinden zum Beispiel prähistorische Kultstätten, Grabstätten, Kirchen oder andere Orte mit einer besonderen Kraft und werden auch Drachenlinien genannt.

Vielen Menschen ist bekannt, dass Stonehenge bei Salisbury in Südengland ein solcher Kraftort ist. Um dieses Bauwerk aus Megalithen, also aufrechtstehenden großen Steinen, die kreisförmig angeordnet sind, ranken sich viele Mythen. Seine besondere Kraft und Magie finden wir unter anderem in den Geschichten über König Artus und Avalon beschrieben.

Die Externsteine in der Nähe von Horn-Bad Meinberg im Teutoburger Wald werden oft als das deutsche Stonehenge bezeichnet. Sie zählen zu den bekanntesten germanischen Natur- und Kulturdenkmälern. Von Obermarsberg sind sie nur vierzig Autominuten entfernt. Sowohl Obermarsberg als auch der Teutoburger Wald liegen auf alten Handelsrouten, wie sie quer durch Deutschland führen.

Der Bergpark Wilhelmshöhe in Kassel gilt als Landschaftstempel und Einweihungspark. Alle drei genannten Linien sind über einen Kraftknotenpunkt am Kalvarienberg miteinander verbunden.

Meine Kollegin und ich bereiteten nun eine Zeremonie vor, um den Auftrag der Geistigen Welt, die Leylines zu reinigen und wieder in vollem Glanz erstrahlen zu lassen, zu erfüllen. Zunächst trafen wir uns in ihrer Praxis, wo ich Trommeln, Rasseln, Felle und weitere schamanische Utensilien kennenlernte. Bei ihr nahm ich zum ersten Mal in meinem Leben an einer geführten schamanischen Reise teil. Diese diente dazu, unsere Krafttiere zu treffen, damit sie uns bei dem Ritual am Kalvarienberg unterstützen und schützen sollten. Das alles war aufregend und mitunter sogar befremdlich für mich; dennoch fühlte ich mich bei der Schamanin gut aufgehoben. Am Abend fuhr ich mit vielen neuen Eindrücken und Erkenntnissen nach Hause.

Eine Woche später trafen wir uns am Kalvarienberg. Es war ein warmer, aber wolkenverhangener Sommertag. Zunächst ließen wir den Platz vor der Kapelle auf uns wirken. Dort steht ein Kreuz, das eine starke Anziehungskraft auf uns ausübte. Ich nahm eine seltsame Schwingung wahr, und meine Kollegin erklärte, dass ich wahrscheinlich die jetzt noch verunreinigte und unterdrückte Kraft darin spüren könne.

Wir begannen mit der Zeremonie, indem wir den ganzen Platz und uns selbst mit unterschiedlichen Pflanzen räucherten und auf diese Weise reinigten. Meine Kollegin legte ein Heilungsrad, ähnlich einem Medizinrad, aus Edelsteinen und verschiedenen Gegenständen, sprach dazu ein Gebet für die vier heiligen Richtungen und reichte Tabak als Opfergabe. Sie sagte mir, durch die Zeremonie würden Lichtpunkte im Erdreich neu verankert und ein Akupunkturpunkt der Erde wieder freigesetzt werden. Wir waren beide von diesem Ritual sehr ergriffen und fühlten, dass die Energien nun wieder frei fließen konnten. Unmittelbar nach der Verankerung der Lichtpunkte brach die Sonne durch die Wolken! Für uns war das der Beweis, dass hier Veränderung geschehen war, die sich auch schon bald im Außen zeigte. Denn kurze Zeit später wurde mit der Renovierung der Kapelle begonnen, und es wurden verschiedenste Projekte für Jugendliche initiiert. So findet man heute Gebetsfahnen und bemalte Steine an diesem Ort. Der Kalvarienberg mit seiner Kapelle und dem Kreuz erstrahlt so hell, dass man ihn schon von Weitem sieht. Er ist zu einem Besuchermagnet geworden, zu einem Ort, an dem sich Menschen zum Beten und Innehalten, in Vollmondnächten und bei besonderen astronomischen Ereignissen treffen.

Ich selbst komme regelmäßig hierher, genieße die Stille, halte Einkehr und meditiere. Der Platz vor dem Kreuz ist wie eine Ladestation, an der man sich mit Mutter Erde verbinden und Kraft tanken kann.

NIKOLAIKIRCHE

Vom Kalvarienberg aus führt ein steiler, kurviger Weg nach Obermarsberg. Er bietet einen schönen Ausblick auf die alte Stadtmauer, den Wasserturm und einen alten Friedhof, auf dem früher die jüdischen Einwohner von Obermarsberg begraben wurden. Die Eresburgstraße führt direkt auf die Nikolaikirche zu. In Berichten über die Nikolaikirche wird diese auch die »Perle der Frühgotik« genannt. Sie wurde zwischen 1229 und 1247 erbaut und war vermutlich zu allen Zeiten – genau wie heute – der Mittelpunkt des Dorfes. Wegen ihrer Bauweise erinnert sie mich an Notre Dame in Paris; beide Kirchen haben eine Rosette und imposante Wasserspeier und strahlen eine ganz besondere Kraft aus. In der Zeit der Gotik und Renaissance wurden bei bedeutenden Kirchen häufig dämonische Gestalten und Tiere als Wasserspeier an den Fassaden angebracht.

Wenn das Kircheninnere die Reinheit des Himmelreichs symbolisiert, weist die Kirchenfassade auf die irdische Welt hin, die dem Einfluss des Bösen ausgesetzt ist. Die Wasserspeier dienten

dazu, vor diesem Bösen zu schützen; deswegen wurden sie so gebaut, dass sie in alle Himmelsrichtungen ragen. An der Nikolaikirche wurden die Wasserspeier in Form eines Widders, eines Löwen, eines Drachens und eines alten Mannes gestaltet. Wenn in einem kalten Winter Eiszapfen aus den Mäulern der Wasserspeier wachsen, ergeben sich oft bizarre Anblicke. Sie erinnern an alte Geschichten, in denen die Wasserspeier am Tage Steinfiguren sind, bei Mondaufgang jedoch zum Leben erwachen und erst wieder zu Stein werden, wenn der Mond in der Morgendämmerung verblasst.

Am Südportal der Nikolaikirche sind Drachen rechts und links in das Steinrelief gemeißelt. Drachen schmücken ebenfalls den Eingang des Südportals. Sie sind die Hüter dieser Kirche. Genau genommen zeigt das Südportal allerdings in Richtung Osten. Das nur nebenbei.

Wer vor diesem Portal steht, kann die Kraft und Magie der Kirche erspüren. Auch von dem Ahornbaum rechts vom Portal geht nach meiner Erfahrung eine besondere Energie und Kraft aus, die man fühlen kann, wenn man sich auf ihn zubewegt.

Im Inneren der Nikolaikirche gibt es einen magnetischen Energiepunkt. Stellt man sich darauf, kann man wahrnehmen, wie der Körper neu ausgerichtet wird. Manche Menschen merken das daran, dass sie anfangen zu schwanken oder dass ihnen warm wird und sie ein Kribbeln spüren.

Wer das ausprobieren möchte, stellt sich auf diesen Punkt, atmet tief ein und aus, konzentriert sich auf seine innere Mitte und schafft so mental eine Verbindung zu der dort gebündelten Kraft. Dies kann sich wie ein Auftanken anfühlen.

Auf die schöne Mondsichelmadonna an der Decke werde ich in einem späteren Kapitel näher eingehen.

Die Nikolaikirche ist nur an wenigen Tagen im Jahr geöffnet, meistens im Mai, wenn Marienandachten gehalten werden. Da ich in der Nähe der Kirche wohne, kann ich jederzeit einen Besuch in der Kirche organisieren.

Neben der Kirche steht das alte Backhaus, das schön restauriert wurde, damit es alle drei Jahre zum historischen Markt einsatzbereit ist. Dann wird darin nämlich Brot und Kuchen nach alter Tradition gebacken.

Auf der anderen Straßenseite befindet sich der alte Dorfbrunnen, aus dem man auch heute noch frisches Wasser aus dreißig Metern Tiefe schöpfen kann. Allerdings ist er mit einem Schutzdeckel versehen, damit niemand aus Versehen hineinstürzt. Von diesem Brunnen wird später noch mal die Rede sein.

Heimatmuseum

Auf der Eresburgstraße führt der Weg nun weiter zur Stiftskirche. Nach wenigen Metern erreicht man die alte Grundschule, die ehrenamtlich und in Eigenleistungen durch die Obermarsberger Bürgerinnen und Bürger zum Heimatmuseum umgebaut wurde.

Vor dem Haupteingang des Museums steht der Nachbau einer Irminsul aus Holz. Drinnen laden unterschiedlich gestaltete Räume ein, die Geschichte von Obermarsberg zu erkunden. Per Audioguide oder mit einer persönlichen Führung kann man sich über Erdgeschichte, Bodenschätze und Bergbau in der Region informieren. Andere Räume stellen die Themen Irminsul, Karl der Große und die Hexenverfolgung dar. Kinder sind eingeladen, in mittelalterlichen Gewandungen durch die Zeit zu reisen oder im Hof des Gebäudes in archäologischen Grabungsfeldern nach Schätzen zu buddeln. Zum Ende des Rundgangs können sich die Besucher dann im Sturmiuscafé bei Kaffee, Tee und selbstgebackenem Kuchen erholen.

In der früheren Aula gibt es regelmäßig Sonderausstellungen. So wurde hier vor einigen Jahren die Himmelsscheibe von Nebra gezeigt, was für mich, die sich seit vielen Jahren mit Kraftorten in Deutschland befasst, ein ganz besonderes und beeindruckendes Erlebnis war.

STIFTSKIRCHE & IRMINSUL

Die Irminsul, ein alt überliefertes Heiligtum, befindet sich an der höchsten Stelle des Plateaus von Obermarsberg. Die gewaltige Säule symbolisiert die Verbindung zwischen Himmel und Erde. Sie war das Hauptheiligtum der Sachsen, und sie glaubten, dass die Welt ins Wanken geriete, wenn diese Verbindung unterbrochen würde. Der Sage nach sollen am Fuße der Irminsul mehrere Quellen entspringen, die von einem Drachen bewacht werden. Wenn ich mich mit der Energie der Irminsul verbinde, sehe ich vor meinem inneren Auge immer wieder die gleichen Bilder: Weise Frauen, Priester und Priesterinnen in weich fallenden Gewändern, mit festlichem Kopfschmuck aus Blumen- und Kräuterkränzen, tanzen um die Irminsul und singen Lieder zum Lob ihrer Göttin und Mutter Erde. Sie feiern die weibliche Urkraft und bringen Mutter Erde auf kostbar geschmückten Altären Opfergaben dar. Die Irminsul ist für sie ein Zugang zur Anderswelt. Mich erinnern diese Bilder an die Geschichten um Avalon, und unter anderem deswegen ist Obermarsberg für mich das deutsche Avalon. Ich empfinde die Irminsul als einen Ort weiblicher Energie, als ein Zentrum weiblicher Kraft.

In Überlieferungen wird die Irminsul wie folgt erwähnt:

»… Laubbäumen und Quellen brachten sie Verehrung entgegen. Einen aufgerichteten Baumstamm von nicht geringer Größe verehrten sie unter freiem Himmel; sie nannten ihn in ihrer Sprache Irminsul, was lateinisch Welt(all)Säule heißt, die alles trägt. …«
(Quelle: P. Rupert Stadelmaier 1949, Irminsul Eresburg)

In den alten Schriften wird auch über die Sonnenwendfeiern berichtet. Am einundzwanzigsten Juni, dem längsten Tag des Jahres, trafen sich alle an der Irminsul. Es wurden Feuer entzündet, und die Frauen und Männer waren nur mit einem Gürtel aus Beifuß bekleidet, während sie um und über das Feuer hinweg tanzten. Mit ihren Tänzen und Gesängen dankten sie ihren Göttern und baten um Gesundheit.

Nach Ritualen mit Pflanzen und dem Trinken von reichlich Met spornten sich die Männer gegenseitig zu Mutproben an. An diesem Tag waren alle Beschränkungen aufgehoben, und die Sonnenwendfeier wurde zu einem ausschweifenden Fest.

Karl der Große, König des fränkischen Reiches, hatte während seiner Feldzüge schnell die strategische Bedeutung der Eresburg erkannt. Sein Ziel war es, die Festung einzunehmen und die hier lebenden Sachsen zu christianisieren. Als nun wieder ein Fest rund um die Irminsul anstand, lagerte er mit seinem Heer in der

Nähe und beobachtete die Festung. Dort wurde ausgelassen gefeiert und viel Alkohol getrunken, und als alle Feiernden mehr oder weniger benebelt waren, nutzte er die Stunde für seinen Eroberungsfeldzug. Er nahm die Eresburg ein, zerstörte das Heiligtum, raubte Gold und Silber und ließ dann alles niederbrennen. So wollte Karl der Große den Sachsen ihre Verehrung der Irminsul austreiben und ihnen die Unzulänglichkeit ihrer Götter beweisen. Er sah dies als Sieg über das Heidentum an; er entweihte den heiligen Ort der Sachsen, indem er die Irminsul fällen und aus ihrem Holz an gleicher Stelle eine Kirche erbauen ließ.

Nun schien es so, als sei das Schicksal der Sachsen besiegelt. Doch trotz der Zerstörung ihres Heiligtums, ihres Ortes der Kraft und Weisheit, gaben sie nicht auf, sondern trafen sich weiter auf dem Platz der Irminsul; dort dienten sie ihren Göttern und feierten wie gewohnt ihre Feste. Nach einer Weile hatte Karl der Große genug von dem heidnischen Treiben. Er beauftragte Bischof Sturmius, dort ansässig zu werden und die Sachsen zu missionieren. Diese blieben jedoch trotz Gewalt- und Todesdrohungen ihrem alten Glauben treu. Schließlich tat Bischof Sturmius etwas, was als Wunder bezeichnet wurde und wovon noch heute eine Tafel in der Stiftskirche kündet: Er nahm seinen Bischofsstab in die Hände, hob ihn zum Himmel und betete. Dann stieß er den Stab in den Boden, wo dieser – so die Sage – in der Erde Wurzeln schlug, und bald darauf trieben aus dem Stab Zweige, die Blätter und Blüten bildeten. Als die Sachsen dies sahen, ließen sie sich taufen. Bischof Sturmius war nicht nur ein kluger Mann, er hatte auch ein großes Herz für die Sachsen und freundete sich mit ihnen an. Er verband den christlichen Glauben mit dem Glauben der Sachsen, indem er einige ihrer Feste und Brauchtümer übernahm und

für seine Zwecke nutzte. In den alten Schriften wird er »Sturmi, der Apostel des Diemeltals« genannt. Ihm zu Ehren wurde in der Krypta der Stiftskirche ein Altar errichtet, der Reliquien von ihm enthält.

Im letzten Jahrhundert stand hinter der Kirche eine Marienstatue auf einer Säule. An der Säule war eine Tafel mit folgender Inschrift angebracht:

»Auf Eresberges Höh'n
Er schaute in die Lande
Und ward von fern geseh'n.
Wo Irmin Opfer heischte
Dort von der Jungfrau hehr und mild
Sieht man nun steh'n
Ein altes Bild.«

Heute befinden sich in einer Nische an der Südseite der Kirche der Sagenweg und die Irminsul-Tafel. Viele Sagen ranken sich um die Irminsul. Da die Sachsen Naturgötter anbeteten, war die Irminsul möglicherweise ein alter, knorriger, hochgewachsener Baum wie beispielsweise eine alte Eiche. Ich bin überzeugt, dass die Irminsul genau dort stand, wo sich heute die Krypta der Stiftskirche befindet.

2014 hatte ich ein besonderes Erlebnis in der heutigen Stiftskirche. Ich war mit meinem lieben Freund Pedro Bley, dessen Künstlername Namakua lautete, dort; wir setzten uns auf die Bänke in der vorderen Reihe und schauten zum Hochaltar. Ich stimmte mich innerlich auf die Irminsul ein und bemerkte, dass mein Blick immer wieder zum ewigen Licht, das rechts im Chorraum hängt, schweifte und dort hängen blieb. Aus einer Eingebung heraus bat ich meinen Freund, seine Erdheilungsflöte zu spielen. Ich gab mich ganz den wundervollen Klängen der Flöte hin und kam so in einen meditativen Zustand. Den Blick auf das ewige Licht gerichtet, entstand vor meinem inneren Auge ein Bild: Drei feenähnliche Wesenheiten mit langen, blonden, welligen Haaren in hellgrünen, fast durchscheinenden Kleidern tanzten um ein Feuer. Sie hatten sich an den Händen gefasst und bewegten ihre Arme immer wieder auf und ab. Es kam mir vor, als ob sie damit die Magie der Irminsul aktivieren wollten. Je mehr sie das taten, desto stärker flackerte auch das Feuer. Ich selbst spürte eine ganz besondere Energie im Chorraum, Lichtpunkte tanzten durch den Raum, und die Luft knisterte förmlich. Für mich war dies der Beweis, dass hier früher die Irminsul gestanden hatte. Durch seine Klänge hatte Namakua diesem Ort Harmonie und Heilung geschenkt. Der Chorraum fühlte sich jetzt so belebt an, als hätten die

Energielinien an Lebendigkeit gewonnen. Dafür war ich meinem
Freund von ganzem Herzen dankbar.

Pedro Bley alias Namakua wurde 1963 in Buenos Aires geboren.
Da seine Eltern aus Deutschland stammten, zog es ihn ebenfalls
hierher. Als gelernter Musiker spielte er intuitiv viele Instrumente
und kreierte als Flötenspieler mit der Zeit seinen ganz eigenen
Stil. Für mich war es immer ein besonderer Moment, wenn er
seine Erdheilungsflöte spielte. 2016 verstarb er an den Folgen eines
Schlaganfalls.

Einige Monate später besuchte ich die Stiftskirche erneut, um mir
die Reliquien von Bischof Sturmius anzusehen. Der Küster öffnete
die Krypta für mich und ließ mich dann in dem kleinen, weißen
Raum allein. Auf einem Altar steht ein Schrein, in dem kleine
Knochen hinter Glas zu sehen sind. Dies ist genau die Stelle, an der
im Chorraum das ewige Licht hängt. Unter den weiß gekalkten
Wänden vermutete ich kostbare Verzierungen; ich sah Wandmalereien mit Putten und Eichenlaub, verschiedenste Inschriften und
Kerzenleuchter vor meinem inneren Auge.

Bei der Recherche zu diesem Buch habe ich mich darüber mit
dem früheren Geschichtslehrer Herrn Runte, der viele Jahre das
Heimatmuseum geleitet hat, unterhalten. Er hat einige Broschü-
ren über die Geschichte der Eresburg und der Nikolaikirche ver-
fasst. Er konnte mir meine Eindrücke bestätigen und sagte mir,
dass die Bildnisse und Wandmalereien vor vielen Jahrzehnten
übermalt, die Kerzenleuchter abmontiert worden seien. Wie schön
wäre es, wenn dieser Raum wieder freigelegt und im ursprüngli-
chen Glanz erstrahlen würde.

Die Irminsul ist inzwischen zum Wahrzeichen von Obermarsberg geworden, und es ist spannend zu sehen, wie präsent sie ist.

So thronen zum Beispiel Karl der Große und Bischof Sturmius im Eingangsbereich der Stiftskirche unter dem Weltenbaum. Und ein Nachbau befindet sich vor dem Heimatmuseum.

Von der Stiftskirche führt der Weg entlang der alten Klostermauern hinab zum Buttenturm, der nächsten Station unserer Reise.

BUTTENTURM

Der Buttenturm ist als einziger der sieben Festungstürme der Eresburg noch erhalten. Von ihm aus hat man einen guten Rundumblick über das weite Tal. Daher diente er früher als Beobachtungsturm. Das Besondere an ihm ist die quadratische Grundform. Der Keller wurde zu früheren Zeiten als Kerker genutzt, da er durch einen unterirdischen Gang mit dem Rathaus verbunden war.

Vom Buttenturm aus kann man nach links auf der alten Stadtmauer rund um Obermarsberg weitergehen. Wendet man sich nach rechts, führt ein schmaler Pfad hinunter zu den Drakenhöhlen.

Drakenhöhlen

Die Drakenhöhlen befinden sich an der Nordwestseite des Bergplateaus an einer Felswand unterhalb des Buttenturms und der noch teilweise vorhandenen Festungsmauer der Eresburg. Sie bestehen aus insgesamt sieben Höhlen; mehrere kleine Höhlen sollen miteinander verbunden sein. Dort entspringen zwei Quellen, deren Wasser früher in Hochbehältern aufgefangen wurde und Obermarsberg mit Trinkwasser versorgte. Die große Drakenhöhle gilt heute als Naturdenkmal.

Es heißt, dass sich ein Netz von weit verzweigten Gängen von den Drakenhöhlen aus unter der kompletten alten Stadt verteilt. Der Sage nach sollen dort noch immer die Schätze der Irminsul vergraben sein, beschützt von einem Drachen namens Fafnir. Ein Teil des Schatzes soll auch in der Diemel verborgen sein.

In vielen alten Aufzeichnungen wird die Siegfried-Sage beschrieben, die sich rund um die Eresburg und die Drakenhöhlen abgespielt haben soll. Als Beweis dafür berufen sich die Schriften auf den der Eresburg gegenüberliegenden Berg, den Wulsenberg. Der Name erinnert an Siegfrieds Geschlechtslinie, die Wälsungen. Und so geht die Geschichte:

Siegfried von Xanten hatte schon viele Länder durchwandert, als er eines Tages Paderborn erreichte. Dort erhielt er Kunde von der Eresburg und ihren außergewöhnlichen, versteckten Schätzen in den Drakenhöhlen. Er erfuhr, dass die Schätze von den Hollen (Berggeister, auch »Frau Holle«) und dem Drachen Fafnir bewacht würden. Wer den Schatz besitzen wollte, musste den Drachen bezwingen.

So machte sich Siegfried auf den Weg zur Eresburg. Als er den Berghang hinaufkletterte, hörte er schon von Weitem das Brüllen des Drachens. Ein langer Kampf zwischen beiden begann und endete damit, dass er dem Drachen sein Schwert ins Herz stieß, worauf der Drachen ausblutete. Siegfried zog sich sofort aus und badete nackt in dem Drachenblut, das ihn unverwundbar machen sollte. Während dieses Bades kam jedoch vor der Höhle Wind auf, und von den Buchen wehten Blätter herab. Ohne dass Siegfried es bemerkte, blieb ein Buchenblatt zwischen seinen Schulterblättern haften. An dieser Stelle kam kein Drachenblut an die Haut, und nur hier war er fortan verwundbar. Sein Schwager Hagen nutzte später diese Schwachstelle, um Siegfried mit einem gezielten Lanzenstich zu töten.

Bei meinem ersten Besuch der Drakenhöhlen folgte ich vom Buttenturm aus einem schmalen, steilen Pfad den Berg hinab. Ein großer Felsbrocken am Wegesrand sieht mit ein wenig Fantasie wie ein riesiger Haufen von Drachenkot aus. Der Gedanke ließ mich schmunzeln. Ich sah nun einige kleinere Höhlenöffnungen, die mich weniger interessierten. Als ich bemerkte, dass der Weg mit vielen Efeuranken bewachsen und von Baumwurzeln durchzogen war, hatte ich das Gefühl, dass dies dem Berg Stabilität verlieh. Als nächstes sah ich eine Höhle, die durch ein Metallgitter abgesperrt war. Durch das Gitter konnte ich zwei gemauerte Becken erkennen – ein ehemaliger Hochbehälter, in dem das Wasser von zwei Quellen aufgefangen wurde. Ich beschloss, mir bei meinem nächsten Besuch Wasser von hier mitzunehmen.

Auf einmal spürte ich eine Energiewelle auf mich zukommen. Mir wurde heiß, und mein ganzer Körper begann zu kribbeln. Hinter einem Holzzaun und einer Schautafel erkannte ich die große Höhle, die ich bisher nur auf Fotos gesehen hatte. Der Holzzaun versperrte zwar den Eingang zur Höhle, allerdings konnte ich ziemlich tief hineinschauen und mehrere runde Gewölbe in der Art von Torbögen sehen. Sofort verspürte ich den Wunsch, diese Höhle zu betreten und die Steine zu berühren. Steine jeder Art hatten mich seit jeher magisch angezogen. Als ich mir das Holztor genauer ansah, stellte ich fest, dass es gar nicht verschlossen war. Ich brauchte es nur beiseitezuschieben, und schon befand ich mich hinter der Absperrung und in der Höhle. Deren Wände leuchteten in hellem Grün; sie wirkten weich und warm wie Samt.

Ich reagierte erneut körperlich auf die Energie in der Höhle. Es fühlte sich an, als würde mein Herz ganz warm und weit. Sofort spürte ich die Anbindung an die unermessliche Kraft der Steine. Aus der Farbtherapie wusste ich, dass die Farbe Grün auf das Herzchakra wirkt und Harmonie im Körper entstehen lässt. Ich empfand das Grün der Steine als heilend, es wirkte beruhigend und ausgleichend auf mich und öffnete mein Herz. Ich gab meinem Verlangen nach, die Steine zu berühren. Jeder einzelne Stein strahlte sowohl enorme Kraft als auch große Zerbrechlichkeit aus. Das war so berührend, dass mir Tränen in die Augen traten. Ich hatte das Gefühl, zu Hause angekommen zu sein.

Dann bemerkte ich, dass ein Stein so locker saß, dass ich ihn aus der Wand ziehen konnte. Gleichzeitig hörte ich in meinem Inneren eine Stimme, als würde er zu mir sprechen. Ich solle ihn mit nach Hause nehmen, um immer an diesen Moment erinnert zu werden und in einer energetischen Verbindung zur Höhle zu bleiben. Auf diese Weise könne die Drakenhöhle unser Grundstück wie eine Kraftquelle stärken.

Seitdem kehre ich regelmäßig hierher zurück, und die Höhle wirkt immer wieder aufs Neue geheimnisvoll auf mich. Jedes Mal lasse

ich mich von dem Farbenspiel und der Energie verzaubern, nutze die
Zeit zum Meditieren oder einfach zur Erholung vom Alltag.

Die Drakenhöhlen stehen heute unter Naturschutz und gelten als
Kulturdenkmal. Sie sind ein Teil des aus dem Diemeltal aufragen-
den Bergkegels des Eresberges, der aus Kalkstein und Tonschiefer
besteht. Im Laubwald, einem Waldmeister-Rotbuchen-Wald, und
im Schatthangwald, der unter anderem mit Bergahorn, Spitz-
ahorn, Sommerlinden und Bergulmen bewachsen ist, finden viele
gefährdete Arten aus Flora und Fauna einen Lebensraum.

Folgt man dem Waldweg von den Drakenhöhlen aus, kommt man
an besonnten Halden aus splittrigem Schieferschutt vorbei, der
wärmeliebenden Insekten und kleinen Reptilien gute Lebensbe-
dingungen bietet.

RITTERSPRUNG IM HAGEN

Das ungefähr sechsunddreißig Hektar große Naturschutz-
gebiet um den Hagen wird auch Königsseite genannt. Es
liegt am Nord- und Westhang von Obermarsberg. Es gibt mehrere
Möglichkeiten, zum Hagen und zum Rittersprung zu gelangen;
ich beschreibe hier den Rundweg, der direkt hinter dem Ortsschild
von Obermarsberg (aus Richtung Giershagen kommend) beginnt.
Von ihm aus hat man einen guten Blick auf den Kalvarienberg, den
Priesterberg und ins Diemeltal.

Wenn ich diesen Weg gehe, nehme ich von Anfang an starke Energien wahr, auf die mein Körper mit Gleichgewichtsstörungen und Straucheln reagiert. Kiefern, Rotbuchen und Feldahorne säumen den Weg, und im Übergangsbereich wachsen Eichen und Hainbuchen. Für Kräuterkundige ist der Hagen wie eine große Apotheke; je nach Jahreszeit findet man hier Bärlauch, Waldmeister, Maiglöckchen, Waldlabkraut, verschiedene Kräuter und seltene Orchideen. Umgestürzte, mit Baumpilzen bewachsene Bäume sehen mit etwas Fantasie wie Drachen oder Elefanten aus. Inmitten dieser unberührten Natur empfinde ich eine wohltuende Ruhe und Gelassenheit. Immer wieder trifft man auf kleine Lichtungen, auf denen man für einen Moment verweilen und sich mit dem Wald verbinden kann. Dies kann zum Beispiel folgendermaßen geschehen:

Wenn du einen schönen Platz gefunden hast, dann stelle dir vor, dass du dich mit dem Grün des Waldes verbindest, oder lehne dich einfach an einen Baum. Atme tief die frische Waldluft ein, und nimm bewusst alle Gerüche wahr. Wonach duftet es? Was hörst du? Raschelt es im Laub? Kannst du verschiedene Vogelstimmen unterscheiden? Spürst du den Wind auf deiner Haut? Vielleicht spürst du sogar, wie es mit jedem Atemzug stiller und friedlicher in dir wird. Aufgetankt setzt du nach einer Weile deinen Weg fort und gelangst zum Rittersprung.

Der Rittersprung ist ein Felsvorsprung im Obermarsberger Waldhang, von dem aus man einen großartigen Rundblick über das Diemeltal hat und bei guter Sicht sogar die Stadt Brilon erkennen kann. Dreht man sich zum Berg um, fällt der Blick auf Felsen, die so gar nicht zur Landschaft und Gesteinsgeologie zu passen scheinen. Mit ihrem Bewuchs von knorrigen Kiefern und deren aus-

ladendem Wurzelwerk sehen sie wie hingezaubert aus. Schaue ich
mit defokussiertem Blick darauf, kommt es mir vor, als sähe ich
darin die unterschiedlichsten Gestalten und Wesenheiten. Wenn
die Sonnenstrahlen durch das Astwerk dringen, entstehen wundervolle Lichteffekte, und so habe ich mit meiner Kamera schon
so manchen Orb (das sind Lichtobjekte, die beim Fotografieren
entstehen können) eingefangen. Oft setze ich mich auf die Bank
unterhalb der Felsen und genieße das Gefühl, in eine andere Welt
einzutauchen. Denn gerade um diesen Platz ranken sich unterschiedliche alte Geschichten.

So heißt es, dass im achtzehnten Jahrhundert ein edler Ritter
auf seinem Weg zum Teutoburger Wald plötzlich den berüchtigten
Raubrittern von Padberg gegenüberstand. Er wollte zum Eresberg
flüchten, um im dortigen Kloster Schutz zu suchen, wurde jedoch
im dichten Wald von den Raubrittern eingeholt und umzingelt.
Blitzschnell entschied er sich, lieber den Ehrentod zu sterben, als
solchen Halunken in die Hände zu fallen. Er lenkte sein Pferd zum
Felsvorsprung hin und sprang in die Tiefe des Diemeltals hinab.
Obwohl dies sein sicherer Tod hätte sein müssen, kamen Ritter
und Pferd wie von höheren Mächten getragen heil im Diemeltal
an, und seine Verfolger hatten das Nachsehen.

Wenn man vom Rittersprung aus dem Weg weiter folgt, kommt
man auf eine Lichtung. Hier fließt ein kleiner Bach; einige Ruinen
und zwei große freistehende Felsblöcke, die wie Druidensteine
aussehen, stehen hier. Der Weg führt zwischen den beiden Steinen
hindurch, und wenn ich dort bin, kommt es mir immer so vor, als
durchschritte ich eine Pforte in die Anderswelt. Je nachdem, in
welche Richtung ich schaue, nehme ich unterschiedliche Energien wahr. Wenn du das auch ausprobieren möchtest, stelle dich

zwischen die beiden Steine, wende dich zum Rittersprung, schlie-
ße deine Augen, und nimm wahr, was du spürst. Dann drehe dich
in die entgegengesetzte Richtung. Welche Energie nimmst du hier
wahr?

Früher hat hier eine kleine Festung gestanden. Eine Schautafel
weist auf die Liebesgeschichte von Thusnelda und Arminius hin.
Als die römischen Heerscharen den Teutoburger Wald durch-
streiften, wurde Thusnelda als Tochter des Cheruskerfürsten Segestes geboren. Sie wuchs zu einer wunderschönen, goldhaarigen
Frau heran und wurde die germanische Helena genannt. Segestes
versprach seine Tochter einem römischen Freund, doch Thusnelda
hatte sich in Arminius, der durch seinen Sieg in der Varusschlacht
als Kriegsheld glänzte, verliebt. Da er ihre Liebe erwiderte, ließ
sich Thusnelda von ihm entführen, und sie heirateten heimlich.
Dadurch fühlte sich Segestes von Arminius um den formellen
Brautkauf – einen Austausch von Gaben – betrogen, sodass es
immer wieder zu kriegerischen Auseinandersetzungen zwischen
den beiden kam. Schließlich ließ Segestes seine hochschwangere
Tochter entführen und an die Römer übergeben. Zusammen mit
ihrem in Gefangenschaft geborenen Sohn Thumelicus wurde sie
in Rom in einem Triumphzug zu Ehren des Germanicus als Tro-
phäe mitgeführt – ein unwürdiges Schauspiel, bei dem ihr Vater
als Ehrengast anwesend gewesen sein soll.
Für mich ist dies die wahre Geschichte um den Rittersprung: ein
Ritter, der seiner Liebe nachtrauert und aus Verzweiflung den Frei-
tod wählt.

Erst im letzten Jahrhundert wurde aus dem Namen Thusnelda
die Tussi, eine abwertende Bezeichnung für als dumm, nervig oder
eitel geltende Frauen.

Der Rundweg führt nun entweder zu den Drakenhöhlen oder – wenn man rechts abbiegt – zur alten Stadtmauer und ins Dorf. Dabei kommt man an einer Felsennische vorbei, die ich Flüster-häuschen nenne. Diese kleine Höhle scheint ein Ausläufer der Drakenhöhlen zu sein. Seitlich befindet sich darin ein Stein, der wie ein Altar wirkt. Wer weiß, ob er nicht noch heute für Rituale und Opfergaben genutzt wird? Vielleicht ist dies aber auch nur ein lauschiger Ort für Verliebte, die den Wänden ihre Geheimnisse anvertrauen und abseits des Dorfes einige Stunden in der Stille verbringen wollen.

Liebeszauber haben ja eine lange Tradition, besonders hier in Obermarsberg am Fuße der Irminsul. Ich stelle mir gern vor, dass sich verliebte Paare in Vollmondnächten an diesem Ort trafen, um im Schutz der Efeuranken ihre Liebe zu beschwören und zu besiegeln. Für die rituelle Reinigung nahmen sie vorher ein Bad in den Quellen der Drakenhöhlen, sammelten Kräuter im Hagen und legten sie als Opfergabe auf den Stein. Für mich eine sehr schöne, romantische Vision!

Damit ist der spirituelle Rundweg um Obermarsberg beendet. Nun stelle ich dir weitere Kraftorte meiner Heimat vor.

Erzengel Michael, Heilige Margarete, Mondsichelmadonna & Drachen

Hier in Obermarsberg haben die Drachen eine besondere Bedeutung, und ich sehe sie an vielen Orten. Die Nikolaikirche habe ich in dem Zusammenhang bereits erwähnt. In der Stiftskirche kann man zwei Drachen entdecken. Im Innenraum fällt sofort die Figur der heiligen Margarete ins Auge. An ihrer rechten Seite sitzt ein Drache, der durch eine Kette mit ihrem Ehering verbunden ist. Ich nehme gern in einer der Kirchenbänke Platz und lasse die Skulptur auf mich wirken. Sowohl die Frau als auch der Drache machen einen friedlichen Eindruck auf mich. Es kommt mir vor, als würden sie zusammengehören und einander ergänzen.

Bei einem meiner Besuche nahm ich mental mit dieser Frau Kontakt auf, und mir war, als könne ich innerlich hören, wie sie mir ihre Geschichte erzählte. Sie sagte, sie sei die heilige Margarete von Antiochia, und ihr Gedenktag sei der zwanzigste Juli. Der Drache an ihrer Seite stünde für ihren Mut und ihre Kraft, trotz Folterungen in ihrem christlichen Glauben standhaft geblieben zu sein; er sei aber auch ein Symbol für den Geburtsprozess. Die Kette zwischen ihr und dem Drachen solle die Nabelschnur darstellen, und ihr Ring stünde für bedingungslose Liebe.

Margarete berichtete weiter, dass sie als Heilerin und Geburtshelferin tätig gewesen sei. Dass sie sich von den Lehren Jesu angezogen gefühlt habe und ins Kloster habe eintreten wollen, habe ihrem Vater missfallen, weil er sie bereits gegen eine Mitgift einem reichen Kaufmann versprochen hatte. Er habe sie beim Stadthalter angeklagt, sodass sie schließlich gefoltert und hingerichtet worden und somit den Märtyrertod gestorben sei.

Die heilige Margarete gilt als Schutzpatronin der Jungfrauen, Ammen und Gebärenden. Daher wird auch heute noch bei allen Frauenangelegenheiten zu ihr gebetet, und sie zählt zu den vierzehn Nothelfern. In alten Geschichten wird berichtet, sie sei nach den erlittenen Folterungen immer wieder durch die Kraft der Engel geheilt worden und habe dadurch an Schönheit gewonnen. Daher wird ihr Name auch mit »die Perle« übersetzt.

Vom Mittelgang der Stiftskirche fällt der Blick auf eine Doppelmadonna, die über dem Altar im Eingang oben im Gewölbe hängt. Als Doppelmadonna bezeichnet man eine Statue, die, oft sogar aus einem einzigen Stück Holz geschnitzt, auf der Vorder- und Rückseite fast identisch aussieht. Somit blickt sie in zwei Richtungen, nämlich zum Altar und zum Eingang und weist damit symbolisch den Weg hinein und hinaus. Bei der Madonna in der Stiftskirche handelt es sich zudem um eine sogenannte Mondsichelmadonna, deren Darstellung auf die Vision des Johannes zurückgeht, die er in der Offenbarung niederschrieb. Dort ist die Rede von einer schwangeren Frau, »mit der Sonne umkleidet, den Mond unter ihren Füßen und eine Krone von zwölf Sternen auf ihrem Haupte«. In der christlichen Lehre stellt diese Frau Maria dar, die Mutter Jesu. Dass sie mit Sonne, Mond und Sternen geschmückt ist, wird als Zeichen ihres himmlischen Wesens gedeutet. Das Kind, das sie gebiert, soll alle Völker vereinen. Deshalb wird die Frau von einem großen, feurigen Drachen verfolgt, der für den Teufel steht. Der Drache wird mitunter auch als rote Schlange dargestellt, die sich um die Mondsichel wickelt. Wenn Maria in vielen Abbildungen ihren rechten Fuß auf den Kopf der Schlange (oder des Drachens) setzt, soll das ein Zeichen für den Sieg über den Teufel und die Erbsünde sein.

Über meine persönlichen Begegnungen mit den Drachen von Obermarsberg erzähle ich in meinem Buch »Liebevolle Drachenweisheiten«.

QUELLEN & BRUNNEN in Obermarsberg

Von jeher hat Wasser eine große Bedeutung für Mensch und Tier. Es symbolisiert Lebendigkeit und Wandel. Am Wasser, zum Beispiel an Flüssen oder Seen, siedeln sich Handwerker, Kaufleute und Bauern an. Wo Wasser ist, kann sich reiches Leben entwickeln.

Als es noch keine zentrale Wasserversorgung gab, waren die Menschen auf Quellen und Brunnen angewiesen. So bot das Wasser der Eresburg ausreichend Frischwasser für die Bewohner; es wurde für Wäsche, Hygiene, Zubereitung der Lebensmittel und zum Ausüben der Handwerkskunst gebraucht.

Da Wasser in früheren Zeiten ein knappes Gut war, wurde es verehrt und gesegnet. Die elementaren Dinge des Lebens, die wir heute oft als selbstverständlich betrachten, hatten damals eine tiefere Bedeutung. Im Frühling wurde Ostara gefeiert. Nach der Christianisierung wurde Ostara durch Karfreitag und Ostern ersetzt. Als Zeichen der Wertschätzung werden auch heute noch viele Dorfbrunnen am Karfreitag geschmückt. Dieser Brauch des Osterbrunnen-schmückens wird in Obermarsberg durch den Mütterverein lebendig erhalten. Nach dem Säubern, dem sogenannten Brunnenfegen, wird der Brunnen mit Girlanden aus Fichtenzweigen, echten Blumen, bunten Ostereiern und Bändern festlich gestaltet.

Der Sage nach hat das an Ostern geschöpfte Wasser viele wundersame Wirkungen. Kinder, die an Ostern mit diesem frisch geweihten Wasser getauft werden, sollen besonders klug werden. Osterwasser, im Haus verspritzt, soll Ungeziefer fernhalten. Wer Osterwasser trinkt, soll vor Krankheiten geschützt sein. Und blickt ein junges Mädchen in den frühen Morgenstunden des Ostersonntags in den Osterbrunnen, so soll es dort das Gesicht seines künftigen Ehemannes erkennen können. Der Osterbrunnenbrauch ist ein typischer Frühlingsbrauch, der Leben, Fruchtbarkeit und Wachstum symbolisiert.

Außer dem immer noch existierenden Dorfbrunnen gab und gibt es etliche unterschiedliche Quellen und Brunnen rund um die Eresburg.

Als die Bevölkerung auf der Eresburg anwuchs, reichte irgendwann das Quellwasser nicht mehr zur Versorgung aus. Daher wurde in der Dorfmitte ein rund gemauerter Brunnen errichtet, den man mühsam durch die vom Zechsteinmeer im Erdzeitalter des Perm abgelagerte Kalksteinschicht graben musste, bis man in fast dreißig Metern Tiefe auf Wasser stieß. Ein Dach schützte den Brunnen, und mit einem an einer Kette befestigten Eimer wurde das Wasser nach oben befördert. Dieser Brunnen wurde Kettenbrunnen oder Windenborn genannt; er befindet sich ganz in der Nähe meines Wohnhauses.

Zwei Quellen, die unterhalb der Irminsul entspringen, fließen
in den Drakenhöhlen zu einer Quelle zusammen, die auch heute
noch mit Wasser gefüllt ist. Hinter einer Eisentür befindet sich
ein Sammelbecken zwischen zwei kleinen Höhlen. Unterhalb der
Stiftskirche entspringt eine weitere Quelle, die Rennenquelle.
Die Mönche im Benediktinerstift hatten einen eigenen, tief gegra-
benen Brunnen, den Stiftsbrunnen. Die Quelle der Spring befand
sich an der Mönchhofsstraße. Ihr Wasser ist mittlerweile nicht
mehr als Trinkwasser geeignet.

Südlich der Nikolaikirche befand sich der Marktbrunnen, der als
Viehtränke genutzt wurde. In einer Mulde unterhalb des Kalva-
rienbergs entspringt der Königsborn, eine Quelle, aus der immer
noch reichlich Wasser fließt. Über sie wurden mir zwei Sagen
erzählt, wie Karl der Große und sein Heer durch ein Wunder vor
dem Verdursten gerettet wurden.

Die erste Sage

In der ersten Sage befand sich Karl der Große auf seinem ersten
Feldzug gegen die Sachsen, um die Eresburg einzunehmen. Die
Sachsen verteidigten sich jedoch erbittert, und nach tagelangem
Kampf glaubte der König nicht mehr an einen Sieg. Verzweifelt
rief er: »So wenig der Huf meines Pferdes aus diesem Felsen einen
Quell heraus zu stampfen vermag, so wenig vermögen wir die
Eresburg zu erobern.« Kaum hatte er das gesagt, so begann sein
Pferd, mit dem Huf zu scharren, und siehe da, aus dem Felsen ent-
sprang ein frischer Quell. Das war Karl ein Zeichen des Himmels,
und als die fränkischen Krieger es sahen, wurden sie mit neuem
Mut erfüllt.

In der Nacht erschien eine Frau, um Karl zu sprechen; niemand
erfuhr jedoch, was sie ihm sagte. Als sie ging, folgte ihr eine An-
zahl Bewaffneter. Früh am nächsten Morgen griffen die Franken
die Burg an. Die Sachsen wehrten sich tapfer, aber plötzlich gab es
Verwirrung in ihren Reihen, weil fränkische Krieger von hinten
kamen und ihnen in den Rücken fielen. Es war die Gruppe von Be-
waffneten, die in der Nacht von der Verräterin durch einen gehei-
men Gang in die Burg geführt worden war. Die Sachsen mussten
zurückweichen. Karl der Große zog in die Eresburg ein, und er
zerstörte die Irminsul, das höchste Heiligtum der Sachsen.
Die Quelle aber, die durch den Huf des Pferdes entsprungen war,
hieß von nun an Königsborn. Sie ist bis heute nicht versiegt.
(Text angelehnt an Fritz Kühn, Sagen des Sauerlandes, 1938)

Die zweite Sage

Einst hörte Karl der Große, die Heiden auf der Eresburg würden
ihren Götzen sogar Menschenopfer bringen. Zornig brach er auf,
um mit seinem Heer den Stadtberg zu belagern. Die Sachsen
wehrten sich jedoch tapfer und vergifteten das Wasser der Diemel.
Hierdurch kam große Not über die Franken; viele starben durch
das vergiftete Wasser, andere verdursteten. Tief betrübt faltete
Karl der Große die Hände, richtete flehend seinen Blick zum Himmel und betete um Hilfe. Sein Gebet soll erhört worden sein, denn
es heißt, ihm sei ein Engel erschienen, der seine Hand ergriff und
die tröstenden Worte sprach: »Karl, was zagst du? Der Herr ist dir
hold.« Die himmlische Gestalt verschwand und ließ Karl durch-
drungen von Erhabenheit und Zuversicht zurück. Er fühlte sich
als Held und legte seinen Helm, die eisernen Schienen an Armen
und Beinen sowie seinen eisernen Panzer an. Er schwang sich auf

sein Pferd, einen Speer in der linken, sein Schwert in der rechten
Hand. Voller Stolz und mit ermutigenden Worten rief er seine
Krieger zum Kampf auf. Beim Anblick ihres majestätisch strah-
lenden Anführers vergaßen die Krieger Hunger und Durst. Auch
die Mattesten rafften sich auf, als seien alle von neuer Kraft belebt
worden. So ritten sie gemeinsam den Berg hinauf. Am höchsten
Gipfel angekommen scheute das Pferd Karls des Großen, es wie-
herte laut und stampfte drei Mal mit dem Huf auf die Erde. Sofort
sprudelten dort mehrere Quellen hervor. Die Krieger sahen dies als
Zeichen des Himmels und erstürmten die Eresburg. Die Sachsen
waren wohl durch das Geschehene in Furcht geraten und kämpf-
ten vergeblich. Nach dem errungenen Sieg huldigten und dankten
Karl der Große und sein Heer Gott tagelang für den geleisteten
Beistand. Es heißt, die Engel selbst sollen bei dieser Feier anwesend gewesen sein. So steht geschrieben: »Frohlocket, dass Christi
Kreuz nun pranget, wo einst die Götzen gethront.«
(Nacherzählt aus: Heinz Rölleke, Westfälische Sagen)

Heilstollen Marsberg

Geschichtlich wird darauf hingewiesen, dass vermutlich bereits seit dem späten achten Jahrhundert unterhalb der Eresburg Kupfer abgebaut und zur Münzherstellung verwendet wurde. Ebenso gibt es Hinweise auf die Produktion von Kettenhemden und Kanonenkugeln. In manchen Gärten werden heute noch Überreste dieser Kettenhemden gefunden, und Kanonenkugeln können im örtlichen Heimatmuseum bestaunt werden.

1150 verlieh Konrad III. Wibald von Stablo das Recht, am Eresberg und in seiner Umgebung nach Kupfer, Gold, Silber, Blei und Zinn zu schürfen. Das Gebiet, in dem nach Metallen gesucht wurde, weitete sich nach und nach aus, sodass viele helfende Hände für den Bergbau benötigt wurden. Es war die Zeit der Völkerwanderungen, im Zuge derer sich das Volk der Mormalanen aus Rumänien in der Gegend niedergelassen haben soll. Von diesen wird gesagt, sie seien nicht viel größer als einen Meter gewesen und hätten als Landestracht braune Capes und spitze Mützen getragen. In dem harten Boden gruben und schürften sie nach allem, was glitzerte und glänzte. Das erinnert doch unweigerlich an das Märchen von den sieben Zwergen!

Möglicherweise ist Obermarsberg auch heute noch über Sohlen und Gänge mit dem Kilianstollen und dem Heilstollen Marsberg verbunden.

Die Geschichte des
Heilstollens Marsberg

Der Heilstollen Marsberg wurde in den 1990er Jahren von einem
Marsberger Arzt und dessen Frau gegründet. Nach großem Erfolg
wurde der Heilstollen später aus persönlichen Gründen geschlossen.

Nachdem ich 2010 nach Marsberg gezogen war, fand ich eine
Arbeitsstelle in einer Einrichtung für Jugendliche. Unter anderem war es meine Aufgabe, Freizeitangebote für die Jugendlichen
durchzuführen. Da ich selbst sehr daran interessiert war, meine
neue Heimat besser kennenzulernen, organisierte ich einen Aus-
flug zum Besucherbergwerk des Kilianstollens, an dem nicht nur
die Jugendlichen, sondern auch meine Kolleginnen und Kollegen
teilnahmen.

Im Zusammenhang mit der Geschichte des Heilstollens wurde auch erwähnt, dass für diesen ein neuer Pächter oder Mieter
gesucht würde. Ohne zu überlegen, streckte ich meinen Arm in
die Höhe und sagte: »Ich habe Interesse daran!« Fast gleichzeitig
wiesen alle Kollegen mit den Fingern auf mich und riefen: »Die!!!
Die macht das!« Wir mussten alle lachen.

Schon kurze Zeit später saß ich beim Heimatbund Marsberg
in der Runde des Vorstands, um mich nach den Konditionen zu
erkundigen. Doch das Prozedere war komplizierter als gedacht.
Ein Konzept zu erstellen, würde mir leichtfallen, denn ich hatte
bereits eine ganz klare Vorstellung, wie ich den Heilstollen gestalten und organisieren wollte. Aber es musste auch geprüft werden,
ob die Zertifizierung durch den Speläotherapieverband noch

gültig war. Falls nicht, sollte ich auf meine Kosten eine neue Zertifizierung beantragen. Ich recherchierte wochenlang und musste feststellen, dass die Kosten und der Mitgliedsbeitrag mein Budget überstiegen. Dennoch hatte ich mein Konzept beim Vorstand eingereicht, bekam jedoch keine Rückmeldung.

Eines Tages, als ich schon beinah die Hoffnung aufgegeben hatte, erhielt ich den Anruf eines Herrn Rosenkranz, der wissen wollte, ob ich noch Interesse am Heilstollen hätte. Er sagte, er sei der zweite Vorsitzende in dem neu gewählten Heimatbund-Vorstand. Wir vereinbarten umgehend einen Termin in einer Anwaltskanzlei. Bei diesem Treffen konnte ich den neuen Vorstand von meinen Plänen überzeugen.

Auf einmal waren die Formalitäten kein Problem mehr. Sogar auf eine neue Zertifizierung wurde verzichtet. Der Vorstand stellte einen Antrag bei der Bergbaubehörde, und auch der Strahlenschutzbund wurde mit einbezogen. Bei mehreren Treffen am Kilianstollen besprachen wir alle wichtigen Aspekte; im Mai 2013 unterschrieben wir den Mietvertrag, und mir wurde der Schlüssel überreicht.

Ich war nun die Besitzerin eines Heilstollens!

Voller Vorfreude und tief bewegt betrat ich bald darauf zum ersten Mal »meinen« Heilstollen. Der Stollenraum schillerte in den schönsten blauen, grünen und goldenen Farbtönen. In der großen Höhle gab es zwei Einbuchtungen, deren kleinere mir wie eine Grotte vorkam, von der eine heilige Schwingung ausging. Ich spürte Verbindungslinien zu Maria von Lourdes und zu Maria Magdalena. Mir war klar, dass ich diese kleine Grotte ganz besonders würdigen wollte. Ich schmückte sie mit einer schönen

Marienfigur, rosafarbenen Rosen und weißen Lilien. So konnten sich die Energien klären und frei fließen.

Nun beschäftigte ich mich mit der Einrichtung und entschied, zunächst Plätze für sechs Personen zu schaffen. Dafür bestellte ich spezielle Relaxliegen, die komplett aus Kunststoff sein mussten. Bei den kleinen Beistelltischen und den Auflagen für die Liegen entschied ich mich für einen hellen Grünton, denn das ist die Farbe der Heilung und somit für einen Heilstollen natürlich perfekt. Da die Temperatur im Stollen das ganze Jahr über bei zehn Grad liegt, während die Luftfeuchtigkeit etwa sechsundneunzig Prozent beträgt, waren kuschelige Mikrofaserdecken erforderlich, die wärmen und die Feuchtigkeit aushalten sollten.

Nur die Hälfte des Heilstollens hat einen festen Untergrund. Die andere Hälfte war nass und matschig; daher ließen wir vom gegenüberliegenden Baustoffhandel zwei Tonnen Feinkies anliefern, die mein Mann per Schubkarre in den Stollen transportierte. Das waren viele Fuhren mit der Schubkarre, und jedes Mal mussten zweihundert Meter Weg bewältigt werden. Sorgfältig verteilte ich im Inneren des Stollens den Kies auf der nassen Fläche.

Am darauffolgenden Wochenende richteten wir den Heilstollen nach meiner Vorstellung ein und stellten viele Lichter auf, die für ein harmonisches Ambiente sorgten.

Der Sommer verging mit der Erstellung einer Website, dem Drucken von Flyern und ersten kleinen Schnupper-Veranstaltungen. Und am 9. September 2013 feierten wir die Einweihung des Heilstollens ganz groß – mit Vertretern der Stadt, dem Vorstand des Heimatbundes, meiner Familie und meinem Freundeskreis.

Schnell wurden meine Angebote von der Bevölkerung angenommen. An zwei Tagen in der Woche öffnete ich den Heilstollen für die Atemtherapie. Da sich bald viele Menschen dafür entschieden, ein Abo zu buchen, konnte ich 2014 auf zehn Plätze erweitern. Damit ist der Raum gut gefüllt, und dennoch hat jeder genügend Platz für sich.

Ein Aufenthalt im Heilstollen dient sowohl der Gesundheitsvorsorge als auch der Genesung. Durch die konstante Temperatur und die hohe Luftfeuchtigkeit ist die Atemluft nahezu staub- und allergenfrei. Der Besucher kann freier durchatmen, ohne dass die Atemwege durch Staubpartikel oder Pollen gereizt werden. Unterstützt durch Inhalationen können sich Verschleimungen lösen; Atemnot, Husten und Auswurf nehmen ab. Manche Besucher berichten, dass sie ihre Medikamente reduzieren konnten.

Die positive Wirkung der Heilstollentherapie (Speläotherapie) wurde durch eine wissenschaftliche Studie der Universität Ulm belegt und mit Bioresonanzgeräten getestet. Sie wirkt erfolgreich bei Asthma bronchiale, chronischer Bronchitis, Heuschnupfen, Pseudo-Krupp, Allergien, anhaltendem Husten, Keuchhusten, chronischer Nasennebenhöhlenentzündung, Schlafstörungen und Infektanfälligkeit. Sie stärkt die Abwehrkräfte, dient zur Entspannung und zu besserer Stressbewältigung.

Der Aufenthalt im Heilstollen dauert ungefähr eine Stunde. Die Besucher liegen – eingehüllt in warme Decken – auf bequemen Relaxliegen, trinken gesundes Sole-Wasser oder Tee und atmen die wohltuend reine Luft ein. Sie lauschen ruhiger Musik und erfreuen sich an dem einzigartigen Farbspiel des Heilstollens. Auf diese Weise werden alle Sinne angesprochen; die angenehme

Atmosphäre wirkt zudem entspannend und vitalisiert Körper und Seele.

Ein Großteil der Mineralien im Heilstollen ist Feldspat mit Calcit, Pyrit sowie Ausblühungen von Malachit und Azurit. Auch Bergkristalle wurden hier in der Vergangenheit gefunden. Feldspat gehört zu den weltweit am häufigsten vorkommenden Mineralien. Calcit wird vom Kalkstein abgeleitet; es heißt, er unterstützt und stärkt das Gedächtnis, bringt Stabilität und Standhaftigkeit und schenkt Selbstvertrauen. Pyrit blüht im Heilstollen goldfarben aus. Ihm wird reinigende und befreiende Wirkung nachgesagt, zum Beispiel bei Problemen mit den Bronchien. Außerdem gilt er als unterstützend bei Atemwegserkrankungen und ausgleichend für den Kehlkopf.

Mineralische Ausblühungen von Schwefel sind überall an den Stollenwänden zu finden. Schwefel ist bereits seit dem Altertum für seine positive Wirkung auf den ganzen Körper bekannt, so unterstützt er zum Beispiel die Körperentgiftung.

Malachit ist ein Kupfercarbonat, es hat daher intensiv-grüne Ausblühungen, die besonders über dem Eingang des Heilstollens gut zu sehen sind. Malachiten gelten als unterstützend bei Knochen- und Atemwegserkrankungen; sie können entkrampfend und reinigend auf Körper, Geist und Seele wirken und fördern ebenfalls die Körperentgiftung.

Auch azurblaue Ausblühungen sind im Heilstollen zu finden. In Verbindung mit Kupfer erhöht sich die Kraft des Azurits. Er verstärkt Kreativität, Intuition und Inspiration sowie die kommunikativen Fähigkeiten. Auf die Leber wirkt er stimulierend und ausleitend, auf Gehirn und Nerven beruhigend.

An Weihnachten 2014 überraschte mich Herr Rosenkranz vom Heimatbund Marsberg mit einem unglaublichen Geschenk: einer großen Schutzmantelmadonna für die kleine Felsengrotte auf der rechten Stollenseite. Der Verein spendierte zusätzlich eine neue Beleuchtung, sodass jetzt Decken, Wände und die Mantelmadonna optimal ausgeleuchtet wurden.

Im Laufe des ersten Jahres veränderte sich die Nutzung des Heilstollens insofern, dass sich viele spirituell orientierte Menschen durch die einzigartige Atmosphäre und die kraftspendende Energie angezogen fühlten. Daher biete ich seit 2015 neben den Atemtherapiesitzungen verschiedene Wellness-Anwendungen und Meditationen an. Unterstützt durch Kolleginnen und Kollegen veranstalte ich hier außerdem immer wieder Konzerte und Klangerlebnisse, die den Heilstollen Marsberg noch mehr zu einem außergewöhnlichen Ort machen.

Ein Highlight waren die Klangerlebnis-Abende mit meiner Freundin Ute, die leider verstorben ist. Zusammen mit meiner Freundin Katharina führe ich diese Abende weiter durch, da sie eine außergewöhnliche Erfahrung darstellen: Sozusagen im Bauch von Mutter Erde erzeugen die Schwingungen der Klanginstrumente einen Klangteppich, der den ganzen Körper einhüllt und für eine tiefe Entspannung sorgt. Der Puls wird ruhiger, der Stoffwechsel wird positiv angeregt, und Blockaden können sich auf sanfte Weise lösen.

In den tieferen Sohlen des Bergwerks befinden sich eine Quelle, ein Wasserspeicher und ein See. Dieser Bereich kann mit der Grubenbahn gut erreicht werden. Das Wasser aus der Quelle hat Trinkwasserqualität. Für mich und meine Arbeit hat das Wasser im Heilstollen eine besondere Bedeutung, da ich es an unterschiedlichen Stellen auffange und zur Herstellung meiner Drachenenergie- und Raum-Sprays verwende.

Wer nun Interesse hat, mich im Heilstollen zu besuchen oder an einer Veranstaltung teilzunehmen, findet weitere Infos unter *www.seelenoase-obermarsberg.de*

Die Magie der Bäume und Sträucher in Obermarsberg

Vieles von dem, was wir heute über Bäume und Sträucher wissen, stammt aus der Zeit der Kelten und Germanen. Diese Völker waren eng mit der Natur verbunden und kannten die heilende und schützende Wirkung aller Pflanzen und insbesondere der Bäume, denen sie oft magische Kräfte zuschrieben. Durch Sagen, Lieder und Brauchtum wurde dieses Wissen von Generation zu Generation weitergegeben.

Obermarsberg ist für mich eng mit der Baummagie verbunden. Darauf deuten schon die Yggdrasil und die Irminsul hin, der Weltenbaum, der als Zentrum des Universums und als Sitz der Götter galt, die in aus Bäumen erbauten Tempeln, den heiligen Hainen, wohnten.

Die Bevölkerung der damaligen Zeit pflanzte natürliche Hecken um ihre Grundstücke und Häuser, die Schutz und Sicherheit boten. Solche Umzäunungen wurden im Germanischen »Hag« genannt. Daher stammen die noch heute gebräuchlichen Bezeichnungen Hagedorn (für Weißdorn), Hagerose (auch Hundsrose genannt) mit ihren Früchten, den Hagebutten sowie Hagebuche (auch Hainbuche genannt). Man glaubte, dass hinter dem Heckenzaun »das Wilde« lauere, ein Bereich, der nur von Kräuterweibern und Druiden betreten werden durfte. Diese, die mit den Göttern sprachen, sammelten dort Heilkräuter, aus denen sie Heil- und Zaubertränke brauten.

Die wichtigsten Bäume und Sträucher, die auch heute noch in und um Obermarsberg wachsen, waren schon damals: Weißdorn, Hagebutte/Heckenrose, Hasel, Holunder, Weide, Erle, Esche, Birke, Buche und Eiche. Diese Naturapotheke direkt vor unserer Haustür verbindet uns immer noch mit dem alten Wissen der Druiden und Kräuterfrauen. Wie schön, dass hier heutzutage regelmäßig geführte Wanderungen zum Thema »Ein Spaziergang vom Königsborn zur Quelle des Kiliander, mit Sagen zu den weisen Frauen und Zwergen und deren Hintergründen« angeboten werden. Auch ich habe mich intensiv mit der hiesigen Vegetation beschäftigt und stelle im Folgenden die magische, schützende und heilende Wirkung der obengenannten Bäume und Sträucher vor.

WEISSDORN

Der Weißdorn war früher unter dem Namen Hagedorn bekannt. Im Frühling fallen seine üppigen weißen Blüten auf. Man sieht ihr Leuchten schon von Weitem von unterhalb des Kalvarienberges bis hoch zum Priesterberg. Er wurde auch als Heckenpflanze rund um die Eresburg gepflanzt.

Der lateinische Name des Weißdorns lautet Crataegus; unter diesem Namen wird er auch in der Homöopathie angewendet. Das Wort leitet sich vom griechischen »krataios« ab, was auf Kratos, einen Begleiter des Gottes Zeus, zurückgeht. Es bedeutet »hart, mächtig, kraftvoll«. Diese große Kraft, die dem Weißdorn zugeschrieben wird, soll Böses abwehren und Menschen, Grund und Boden vor Verhexungen schützen. Aber auch ganz ohne den Glauben an böse Geister eignet sich der Weißdorn mit seinem dichten Wuchs und den Dornen hervorragend als Schutzhecke. Magische Schutzstäbe zum Anrufen von Naturgeistern wurden aus Weißdornholz hergestellt. Ganz pragmatisch wurde das harte Holz des Weißdorns früher gern für die Anfertigung von Werkzeugstielen verwendet.

Der Weißdorn hatte seit jeher in vielen Kulturen eine besondere magische Bedeutung. So trugen schon die römischen Legionäre Amulette aus Weißdornholz um den Hals, um sich zu schützen. Ein an die Stalltür genagelter Weißdornzweig sollte das Vieh vor Krankheit und bösen Geistern bewahren. Kinderwiegen wurden gern aus Weißdornholz hergestellt, um die Kinder vor bösen Feen zu schützen und um zu verhindern, dass das Kind gegen einen sogenannten Wechselbalg ausgetauscht würde.

Es heißt, der Weißdorn sei ein Wohnort guter Elfen und Feen. Heute noch gibt es mancherorts den Brauch, Stoffstreifen und Haare an Weißdornzweige zu binden, in der Hoffnung, dass die dankbaren Elfen und Feen dann Wünsche erfüllen. In England ist der Weißdorn ein Teil der Baumfeen-Dreiheit, die besagt, man könne Feen sehen, wenn Weißdorn, Eiche und Esche an einem Platz zusammenstehen. Der Legende nach hielt sich der Zauberer Merlin oft unter einem Weißdornbusch auf. Das gleiche sagt man bei uns über die Druiden vom Donnerberg.

Der Weißdorn gilt auch heute noch als Heilpflanze; seine Blüten, Blätter und Früchte werden gesammelt, um daraus Tee und Tinkturen herzustellen. Man bekommt ihn aber auch als Fertigpräparat. Weißdorn hat eine milde Wirkung zur Stärkung des Herzens.

Weißdorn-Tee

☞ Für den Tee füllt man einen Teelöffel Weißdornblüten und/oder -blätter in eine Tasse, gießt kochendes Wasser darüber und lässt dies sieben bis zehn Minuten ziehen. Danach durch ein Sieb geben und in kleinen Schlucken trinken. Von diesem Tee kann man täglich bis zu drei Tassen trinken.

☞ Will man einen Tee aus den Beeren des Weißdornstrauches herstellen, empfiehlt es sich, die Beeren zunächst mit einem Mörser zu zerstoßen, damit die ätherischen Öle und anderen Wirkstoffe besser freigesetzt werden.

Weißdorn-Tinktur zur Herzstärkung

☞ Die Weißdornfrüchte werden mithilfe eines Mörsers zerstoßen, dann in ein Schraubglas gefüllt und mit vierzigprozentigem Alkohol übergossen, bis die Beeren vollständig bedeckt sind. Das Glas wird nun für drei bis sieben Wochen an einen warmen, hellen Ort gestellt. Dann die Tinktur filtern und in eine dunkle Flasche umfüllen. Bis zu dreimal täglich 7-21 Tropfen in ein großes Glas Wasser geben und einnehmen.

Weißdorn als Räucherwerk

☞ Die getrockneten Blüten, Blätter und Beeren des Weißdorns können auch zum Räuchern genutzt werden. Der Rauch vertreibt Kummer und Sorgen, stimmt positiv und bringt verlorene Herzensfreude und die Lebenskräfte zurück.

Hagebutte/Wildrose

Die Hagebutte ist die Frucht der Wildrose; sie entsteht aus deren zarten weißen bis rosafarbenen Blüten. Die Rose bringt die Gegensätze männlich und weiblich in Harmonie und Balance. Das entspricht den Planeten Mars (Dornen) und Venus (Blüte). Somit ist die Wildrose auch ein Symbol der Liebe.

Die Form ihrer unregelmäßig wachsenden Kelchblätter entspricht dem magischen Stern der Druiden und weisen Frauen, was möglicherweise zu ihrem Ruf als Zauberpflanze beigetragen hat.

Die Sachsen der Eresburg nutzten Hagebutten als Schlafmittel und verwendeten das Holz des Hagebuttenstrauchs für die Verbrennungsstätten ihrer Verstorbenen. Von den Germanen ist überliefert, dass sie Hagebuttensträucher rund um ihre Grundstücke pflanzten, um die Hexen fernzuhalten. Auch sollten über der Eingangstür aufgehängte Hagebuttenzweige vor übler Nachrede schützen, an der Hauswand gepflanzte Heckenrosen galten als Schutz vor Blitzen und Unwettern. Allgemein gelten die Dornen der Heckenrose als Mittel gegen bösen Zauber. Unsere Vorfahren legten kleine Geschenke und Opfergaben unter den Wildrosenbusch, damit die darin wohnenden Kobolde, Zwerge und Wichtel ihnen wohlgesonnen wären. Ketten aus Hagebutten wurden getragen, um den Liebsten anzuziehen. In meiner Kindheit haben wir gern die Körner der Hagebutte als Juckpulver benutzt, das wir anderen Kindern in den Kragen steckten.

Die Hagebutte ist auch heute noch für ihren hohen Gehalt an Vitamin C bekannt, das ja bekanntlich das Immunsystem stärkt. Viele Menschen mögen Hagebuttentee, für den die Schalen der

Hagebutte getrocknet werden. Außerdem kann man Hagebutten zu einer leckeren Marmelade oder zu Mus verarbeiten und genießen.

Die Hagebutte in der Naturheilkunde

☞ Die Wirkung der Hagebutten wird als zusammenziehend, immunstärkend, blutbildend und -reinigend, harntreibend, leicht abführend, schmerzstillend, schweißtreibend, gewebeunterstützend, entzündungshemmend, blutdrucksenkend und belebend beschrieben.

Hagebutten-Wein

☞ Der Hagebutten-Wein gilt als etwas Besonderes. Während der Wintermonate kann er den Körper kräftigen und beleben. Zur Herstellung gibt man 100 Gramm getrocknete Hagebutten in einen Liter Rotwein und lässt diese Mischung vierzehn bis einundzwanzig Tage ziehen. Anschließend abfiltern und in dunkle Flaschen abfüllen. Wer davon täglich eine kleine Menge, wie zum Beispiel ein Schnapsglas voll, trinkt, kann sein Immunsystem unterstützen.

Hagebutte als Räucherwerk

☞ Eine Räucherung mit Hagebutten schenkt Entspannung, Ruhe, positive Energie und ein Gefühl von Leichtigkeit, wodurch man wieder mehr Vertrauen in die eigenen Gefühle bekommt. Vielleicht wird sie deshalb auch bei magischen Handlungen in Liebesdingen angewendet, und sogar der Sexualität soll Hagebutte wieder auf die Sprünge helfen!

HASEL

Der Haselnussstrauch hat meistens eine Höhe von fünf bis sechs Metern, er kann aber auch zu einem größeren Baum heranwachsen. Ich bin sehr froh, dass in unserem Garten ein Haselnussbaum steht. Die früh blühenden Haselkätzchen kündigen den Frühling an, und im Herbst kommen nicht nur die Eichhörnchen, um die Haselnüsse zu ernten. Den Haselstrauch erkennen die meisten Menschen, aber nur wenige wissen, wie viele Mythen und Geschichten sich um ihn ranken.

In der germanischen Welt galt der Hasel als eine uralte Zauberpflanze mit vielen kultischen Bedeutungen. Ein Zauberstab aus Haselholz wurde schon immer gern benutzt. Noch heute setzt man Haselzweige wegen ihrer guten Energieleitfähigkeit als Wünschelrute ein; mit einem gegabelten Zweig kann man auf die Suche nach Wasseradern gehen. Interessanterweise wächst der Haselnussstrauch häufig auf sich kreuzenden Wasseradern.

Zu früheren Zeiten sammelte man sein Holz gern im April zwei bis drei Tage vor dem Neumond, um daraus Tinkturen und Öle gegen Krankheiten herzustellen, die man für »angehext« hielt. Auch sollte Haselholz bei Menschen und Tieren Krankheiten abwehren.

Von jeher galt der Hasel als ein Glücks-, Schutz- und Lebensbaum. Der Brauch, zu Weihnachten und Neujahr Haselnüsse als Glücksbringer zu verschenken, geht darauf zurück. Auch zu Hochzeiten waren Haselnüsse ein beliebtes Geschenk für die Braut, damit sie viele Kinder bekommen möge, denn schon bei den Germanen galt der Hasel als Fruchtbarkeitssymbol. Im Keltischen ist der Haselbaum mit der Göttin Brighid verbunden; sie ist die Göttin der Heilung, des Frühlings, der Dichtkunst und der göttlichen Inspiration.

Auf Reisen nahm man ein Stück Haselholz mit; zum Schutz vor Gewittern und Blitzeinschlag wurden Haselzweige in Haus und Stall aufgehängt oder aufgestellt. Ein unter das Kopfkissen gelegter Zweig sollte inspirierende Träume hervorbringen, Traumbotschaften sollten klarer empfangen werden können.

Auch bringt man den Haselstrauch in Verbindung mit unterirdischen Schätzen und Reichtümern, und man nimmt an, dass solche noch reichlich in den Gängen der alten Eresburg versteckt sein könnten.

Der Hasel gilt als Symbol für Weisheit und als Mittler zwischen den Welten, denn er wird gleichermaßen den Elementen Wasser und Luft zugeordnet. Für das Element Luft steht seine sanfte und nachhaltige Kraft, mit deren Hilfe verschüttetes intuitives Wissen wiederentdeckt werden kann. Die sanfte, weiche und fließende Wasserenergie unterstützt, verletzte Gefühle zu erspüren und sich mit ihnen auszusöhnen.

Der Hasel in der Naturheilkunde

In der Naturheilkunde werden die Haselkätzchen, die Rinde junger Triebe, die Samen und Blätter für innere und äußere Anwendungen genutzt. Den darin enthaltenen Flavonoiden und Gerbstoffen schreibt man blutreinigende, blutstillende, gefäßverengende und fiebersenkende Wirkungen zu. Daher helfen und unterstützen die daraus gewonnenen Mittel bei Nasenbluten, Krampfadern, Venenentzündungen, Ödemen und Fieber.

☞ Haselnüsse stärken Herz und Blutgefäße. Mehrere Portionen Nüsse pro Woche können demnach möglicherweise Herzinfarkt und Schlaganfall vorbeugen.

☞ Die Blätter des Haselbaums eignen sich gut zum Räuchern; sie verbreiten einen süßlichen Duft, der Leichtigkeit, Fröhlichkeit und Flexibilität fördern kann.

Und nicht zuletzt gilt wohl auch heute noch die alte Bauernregel, dass ein strenger, kalter Winter zu erwarten ist, wenn der Haselstrauch im Herbst viele Nüsse trägt.

Holunder / Hollerbusch

Das Wort Holunder kommt aus dem althochdeutschen Wort »*Holun*«, was hohl, heilig, günstig und gnädig bedeutet. In früheren Zeiten pflanzte man Holunder zum Schutz gegen böse Geister und Blitzeinschläge in der Nähe der Häuser an. Holunderbeeren waren vermutlich bereits den Steinzeitmenschen als Teil ihrer Nahrung bekannt.

Den Kelten galt der Holunder als ein heiliger Baum, da er Leben und Sterben symbolisierte. Wenn der Holunder im Frühling blühte, erwachte das neue Leben; mit dem Abwurf der Blätter im Winter stand er für den Tod. Dazu passt, dass ihm im Baumkalender der Druiden die Zahl 13 als letztem Jahresbaum zugeordnet wird.

Die Germanen huldigten dem Holunder. Die Holda wurde als Hausgöttin verehrt; ihr wurden Opfergaben wie Milch, Brot, Bier oder Met gebracht. Ihr Name erinnert an Frau Holle aus dem Märchen. Durch die Christianisierung wurde Frau Holle durch den Heiligen Nikolaus ersetzt; der Sage nach soll aus dem Holunderzweig die Rute geworden sein.

Einen Hollerbusch zu fällen oder seine Krone zu beschneiden, war verboten, weil man glaubte, dass dadurch die guten Geister, die Unglück, Krankheit und Tod fernhalten sollten, vertrieben würden. Warzen sollten verschwinden, wenn man sie bei Vollmond unter einem Holunderbusch mit einer Speckschwarte abreiben würde. Früher wurden sogar eitrige Wundverbände an die Zweige des Holunders gehängt, in der Hoffnung, der Holunder würde die Krankheit in die Unterwelt ableiten.

Auch Freya, eine andere germanische Göttin, wurde mit dem Holunder in Verbindung gebracht. Sie sollte im Holler wohnen und Liebe und Fruchtbarkeit bringen.

Die Iren schnitzten Flöten und Bögen aus Holunderholz. Auch Zauberstäbe wurden daraus gefertigt, nachdem man zunächst den Baum dafür um Erlaubnis gebeten hatte. Zahlreiche Mythen handeln davon, dass der Holunder das Tor zur Anderswelt sei. In den nordischen Ländern heißt es, man könne den Elfenkönig und sein Gefolge sehen, wenn man sich in der Mittsommernacht bei Sonnenuntergang unter einen Holunderbaum setzt.

Junge Mädchen schüttelten am dritten Juli, dem Thomas-Tag, während des Abendgeläuts der Kirchenglocken einen Holunderbusch kräftig durch. Dann achteten sie darauf, aus welcher Richtung das nächste Hundegebell erklang, denn es hieß, dies sei auch die Richtung, aus welcher ihr späterer Ehemann kommen würde.

Häufig wächst ein guter Hollergeist quasi von allein auf einem Grundstück. Von Mai bis Ende Juni entfaltet er seine weißen, stark duftenden Blütendolden. In der Naturheilkunde werden Wurzel, Blätter, Beeren und Blüten verwendet. Wenn ich Holunderblüten sammle, dann am liebsten am Wegrand zum Priesterberg, nah am Druidenhain und weit weg vom Straßenverkehr. Auf einer Tafel in der Nähe der Drakenhöhlen heißt es, dass der Hollergeist über den Höhlenschatz wacht.

Der Holunder in der Naturheilkunde

☞ Der aus den schwarzen Beeren gekochte Holundersaft ist auch heute noch ein bewährtes Hausmittel bei einer beginnenden Erkältung oder einem grippalen Virusinfekt, da er das Immunsystem stärkt. Ein Sirup aus Holunder und Honig hilft gegen Halsschmerzen. Dazu mischt man zwei Teile Holundersaft mit drei Teilen Honig. Ein Tee aus den Blüten wirkt schweißtreibend und fiebersenkend; kocht man den Tee aus den Blättern, gilt er als blutreinigend. Eine lange Tradition hat Holunderblütentee gegen Angst und Melancholie. Eine Tasse heißen Holunderblütentees kann erholsamen Schlaf fördern; alternativ gibt man ein Stoffsäckchen mit Holunderblüten in ein warmes Bad. Ein aus den Blättern hergestellter Brei kann zum Färben von Haaren und Stoffen genutzt werden. Dies ist nur ein kleiner Einblick in die vielfältigen Verwendungsmöglichkeiten des Holunder.

☞ Mir persönlich gefällt das Räuchern mit Holunder, für das man die getrockneten Blüten, Blätter, Beeren sowie die vom Baum abgeworfene Rinde verwenden kann, sehr gut. Der Rauch der Blüten ist süß, die Blätter duften nach Honig, die Rinde riecht etwas herber. Während einer Räucherung mit Holunder kann man um Heilung und Schutz bitten, man kann Glücksbringer, Amulette und andere magische Gegenstände segnen. Wird der Rauch bei einer Meditation oder einem Ritual verwendet, kann er die eigenen Lebensaufgaben und Ziele unterstützen.

BIRKE

Auch die Birke gilt als ein heiliger Baum. Im Frühjahr zeigen ihre eiförmigen Blätter aufrecht zum Himmel, später neigen sie sich zur Erde. Die Blüten werden auch Kätzchen genannt. Da die Birke dem Planeten Venus zugeordnet wird, symbolisiert sie alle Formen und Arten der Liebe. Wegen ihres schlanken, zarten Wuchses, ihrer weißen Rinde und der Biegsamkeit ihrer Äste wirkt sie geradezu jungfräulich.

Die Griechen sahen in der Birke eine Verbindung zur Göttin Ariadne, die das Wissen des Lebens lehrte. Die nördlichen Naturvölker verbinden die Birke mit ihren Göttinnen Frigg und Freya; sie gilt als Symbol für die Liebenden, denen sie Schutz bietet und Fruchtbarkeit schenkt.

In keltischen und walisischen Überlieferungen wird die Birke den Eulen und der Erdgöttin Blodeuwedd zugeordnet. Diese Erdgöttin war einst eines der lieblichsten Geschöpfe; ihr Name bedeutet Blütengesicht. Der Sage nach wurde sie aus neun verschiedenen Blüten geschaffen, um später den Sonnengott zu heiraten.
Die alten Germanen zapften im Frühling Birkenstämme an, um Birkensaft zu gewinnen. Dieser galt nicht nur als Schönheitstrank, sondern auch als Mittel gegen Impotenz.

Die Birke steht für die Eigenschaft, stark reinigend zu wirken und Böses vertreiben zu können. Daher wurden Besen gern aus Birkenreisig gebunden, um negative Energien aus den Stuben zu fegen. Birkenbüschel wurden zum Schutz aufgestellt. So sollten besonders Neugeborene und Kleinkinder während der ersten Lebensjahre vor Krankheiten und allen negativen Einflüssen bewahrt werden, weshalb auch die Wiegen oft aus Birkenholz gebaut wurden.

Der Hexenbesen wird traditionell aus Birkenholz und -reisig hergestellt. Das helle Birkenholz soll den Hexen den Weg weisen und erhellen, seine schützende und reinigende Wirkung unterstützt die praktizierende Hexe perfekt.

In der Beltane-Nacht war es Brauch, dass ein junger Mann seiner Liebsten ein Birkenbäumchen vor das Haus stellte; dies galt als Zeichen seiner Liebe und als Heiratsantrag. Auch heutzutage wird diese Tradition noch in vielen Dörfern fortgesetzt, indem in der Nacht zum ersten Mai ein geschmücktes Bäumchen vor dem Haus der Liebsten aufgestellt wird. In der Dorfmitte wird ein großer Maibaum platziert, der mit bunten Bändern und sogar mit Eiern, Brezeln oder Kuchen behängt wird. Der Maibaum soll die Frühlingsgöttin begrüßen sowie Mensch und Tier segnen.

Die Birke in der Naturheilkunde

Am häufigsten angewendet wird ein Tee aus Birkenblättern und Blattknospen, der stark harntreibend wirkt und deshalb bei Rheuma, Gicht und anderen Stoffwechselerkrankungen gern empfohlen wird. Bei Hauterkrankungen kann man den Tee sowohl trinken als auch für Waschungen und Bäder verwenden. Auch der harzige Inhaltsstoff der Rinde, Betulin genannt, hilft bei vielen chronischen Hauterkrankungen wie Neurodermitis und Psoriasis. Birkensaft (oder Birkenwasser) wird gewonnen, indem man im

Frühjahr den Birkenstamm anritzt und mithilfe eines Röhrchens anzapft. Das Birkenwasser ist trinkbar, wird aber auch als Bestandteil von Haarwasser, Shampoo und Tonikum für die Kopfhaut genutzt.

☞ Eine Tinktur aus Birkenknospen kann Husten lindern und bei Erkältungskrankheiten das Fieber senken. Für die Tinktur gibt man ca. 21 Gramm frische Birkenknospen in ein Glas mit Schraubdeckel und übergießt sie mit zehn Milliliter vierzigprozentigem Alkohol. Das Glas wird regelmäßig geschüttelt und bleibt ca. vier Wochen bei Zimmertemperatur stehen. Anschließend durch einen Filter geben und die Tinktur in dunkle Fläschchen umfüllen. Für eine äußere Wundbehandlung wird die Tinktur vor der Anwendung im Verhältnis 1:10 mit Wasser verdünnt.

☞ Um ein Massageöl gegen schmerzende Gelenke und zur Unterstützung des Bindegewebes herzustellen, füllt man etwa drei Hände voll frische Birkenknospen und 200 ml Bio-Pflanzenöl in ein großes Schraubdeckelglas, schüttelt regelmäßig um und lässt diesen Ansatz vier Wochen bei Zimmertemperatur ruhen. Anschließend filtern und das Öl in dunkle Flaschen füllen.

☞ Für ein Anti-Rheuma-Bad setzt man einen Sud aus fünf Litern kaltem Wasser und frischen Birkenblättern an. Über Nacht stehen lassen und am nächsten Tag erwärmen, sodass mehr Wirkstoffe in dem sogenannten Absud freigesetzt werden können. Absieben und ins Badewasser geben. Durch die Wärme des Bades und die ätherischen Öle der Birke kann der Körper über die Haut entschlacken. Um nach dem Bad den Kreislauf wieder zu stabilisieren, wird empfohlen, eine Stunde nachzuruhen.

☞ Räucherungen mit Birkenholz oder -rinde können dabei unterstützen, sich von Altem zu befreien und Raum für einen Neubeginn zu schaffen. Räucherungen mit Birkenblättern wecken die Lebensgeister und bringen Licht ins Dunkle. So kann der Rauch den Winterblues vertreiben und Leichtigkeit und Lebensfreude schenken.

BUCHE

Die Buche ist ein sehr weit verbreiteter Laubbaum in unseren Wäldern. Wer erinnert sich nicht daran, als Kind die nussigen Bucheckern gesammelt und wie Hörner auf die Nase gesetzt zu haben? Aus den Samenkapseln bastelten wir im Herbst Bucheckernkränze. Bucheckernöl wurde gern als Pflanzenöl in der Küche und als Grundstoff für Laugen und Seifen verwendet.

Die Buche wird auch die große weise Mutter genannt. Das heißt, dass ihr eine starke weibliche Energie, die Kraft und Zartheit in sich vereint, zugeschrieben wird. Dank der mütterlichen Eigenschaften gilt sie als trostspendend und beruhigend; sie kann die Kommunikation fördern, da sie Vertrauen in das gesprochene und geschriebene Wort schenkt.

Möbel wie beispielsweise Betten und Schränke werden von jeher gern aus Buchenholz gefertigt, da es als stabil und langlebig gilt. Auch für die Herstellung von Dielenbrettern wird es gern genommen, und als Brennholz ist es nach wie vor sehr beliebt.

Die Kelten schnitten fingerdicke Zweige der Buche in Scheiben und schnitzten die Runenzeichen hinein. Getrocknete Buchenblätter wurden früher mit Stroh vermischt und als Füllmaterial für Matratzen verwendet.

Die Mädchen ritzten den Namen ihres Liebsten in die Buchenrinde, in der Hoffnung, ihn dadurch an sich zu binden. Amulette aus Buchenholz sollten dem Träger Glück bringen und ihn beschützen.

Die Buche in der Naturheilkunde

Aus den Blüten der Buche wird die Bachblüten-Essenz Beech gewonnen. Sie wird Menschen empfohlen, die zu Intoleranz und Kritik an anderen neigen, dies aber durch übertriebene Toleranz zu kompensieren versuchen.

☞ Frische Buchenblätter kann man bei Schwellungen, Gerstenkorn und Geschwüren auflegen, dies hat einen kühlenden Effekt. Buchenasche wirkt desinfizierend, eine Räucherung mit Buchenspänen oder Buchenrinde kann Klarheit schaffen und den Zugang zum inneren Wissen freilegen, sodass sich neue Perspektiven zeigen. Es heißt auch, dass eine Buchenräucherung den Gerechtigkeitssinn fördern und während einer Meditation angewendet eine Verbindung zu höheren Sphären schaffen kann.

☞ Eine Besonderheit ist das Räuchern von Fisch, zum Beispiel aus der Diemel, mit Buchenholz, da das so entstehende Aroma sehr geschätzt wird.

WEIDE

Weiden lieben die Nähe zum Wasser. Bei uns wachsen sie entlang der Diemel und sehen mit ihren hängenden Ästen wie Feenwesen aus. Die meisten Weiden blühen im frühen Frühjahr, noch bevor die ersten Laubblätter austreiben. Ihre Blüten sind uns als Kätzchen oder Weidekätzchen bekannt. Als Frühblüher sind sie eine der wichtigsten Nektarquellen für Bienen, weswegen sie unter Naturschutz stehen.

Oft stehen Weiden auf Wasseradern. Die Weide hat einen hohen Wasseranteil, ist dem Element Wasser zugeordnet und steht in Verbindung zum Mond. Sie symbolisiert Fruchtbarkeit und den Kreislauf des Lebens.

Wie der Holunder ist auch die Weide ein Schwellenbaum; die sich um beide rankenden Mythen und Legenden ähneln sich. Es heißt, dass die Weide nicht nur zwischen Leben und Tod, sondern auch zwischen Erde und Wasser steht, und dadurch gilt sie als Pforte zur Anderswelt, als Verbindung zu Göttern und Göttinnen. Sie wird zur Unterstützung bei Trancereisen und Visionen eingesetzt und soll innere Weisheit und Inspiration fördern. Wie der Name »Trauerweide« ausdrückt, kann sie uns auf sanfte Weise durch Schmerz und Trauer begleiten.

Bei den Menschen der Eresburg galt die Weide als magischer Baum, der Krankheiten heilen und Unheil von Mensch und Tier auf sich nehmen konnte. Sie wurde der Göttin Brigit und dem Fest Ostara zugeordnet. Bei den Feierlichkeiten zu Ostara wurden Weidenblüten mit in die Schmuckkränze eingebunden und blühende Weidenzweige in die Beete und Felder gesteckt, was für eine ertragreiche Ernte sorgen sollte.

In der griechischen Mythologie wird die Weide mit der Göttin Demeter, die für Schöpfung und Wachstum steht, verbunden. Ebenso mit ihrer Tochter Persephone, der Göttin des Todes und der Wiedergeburt. Bei den Kelten sind es die Götter Cerridwen und Belinus.

Weiden werden auch immer wieder mit Hexen und Kräuterweibern in Verbindung gebracht. Früher glaubte man, dass sich Hexen unter einer Weide in Katzen verwandeln könnten und dass Frauen, die sich nachts in der Nähe von Weiden aufhielten, bösen Zauber wirken könnten. Angeblich stellten Hexen ihre Besen aus Weidenholz her.

Zur Erinnerung an Jesus Einzug in Jerusalem, bei dem ihn die Menschen mit Palmzweigen willkommen hießen, feiern die Christen den Palmsonntag und nehmen statt Palmzweigen die Zweige der Weide mit den Palmkätzchen. Diese werden zu Sträußen gebunden, in den Kirchen geweiht und zuhause zum Schutz vor Gewittern, Blitzeinschlag und zur Abwehr von allem Bösen aufgehängt.

Da die Zweige der Weide infolge des
hohen Wassergehalts sehr biegsam
sind, werden seit Jahrtausenden
Körbe und andere Tragbehältnisse
daraus geflochten. Abgeschnittene
Zweige treiben schnell wieder neue
Wurzeln aus. In feuchte Erde gepflanzt, nutzt man die Weide heute
gern, um daraus Weidentunnel und
Weidenlauben zu bauen.

Die Weide in der Naturheilkunde

☞ Das natürliche Salicin (Aspirin) der Weide wird genutzt,
um aus getrockneter Weidenrinde Tee zu kochen, der bei Fieber
und Schmerzen aller Art lindernd und entzündungshemmend
wirkt. Dazu übergießt man einen Teelöffel Weidenrinde mit
einer Tasse kochendem Wasser und lässt dies zwölf Minuten
ziehen. Nach dem Abfiltern wird der Tee in kleinen Schlucken
getrunken (bis zu drei Tassen über den Tag verteilt).

☞ Für eine Tinktur gibt man Weidenrinde in ein Schraubdeckelglas und übergießt sie mit 40-prozentigem Alkohol, sodass
alle Rindenteile bedeckt sind. Diese Mischung wird für drei
bis sieben Wochen an einen hellen Ort gestellt und anschließend nach dem Abfiltern in dunkle Flaschen abgefüllt. Von
der Tinktur kann man bis zu drei Mal täglich 7–21 Tropfen in
ein großes Glas Wasser geben und verdünnt einnehmen. Auch

eine äußerliche Anwendung als Umschlag, Badezusatz oder für
Waschungen ist möglich und kann Gelenkbeschwerden und
Hexenschuss lindern. Da die Salizylsäure die Eigenschaft hat,
harte Hautstellen aufzuweichen, können Hornhaut und Hüh-
neraugen durch einen Umschlag mit der Tinktur behandelt
werden. Gegen schuppende, juckende Kopfhaut kann es helfen,
ein paar Tropfen der Tinktur ins Shampoo zu geben.

☞ Holz und Rinde der Weide können gut zum Räuchern
verwendet werden. Man sagt der Weide nach, dass sie Bewe-
gung in alles Stagnierende bringt, sowohl auf körperlicher als
auch auf seelischer Ebene. Der Rauch wirkt stark erdend und
reinigend und kann somit als Grundlage für Meditationen und
Rituale dienen, um lichtvolle Wege einzuschlagen und gute
Entscheidungen zu treffen.

ERLE

Die Erle ist ebenfalls einer unserer heimischen Bäume und wächst
wie die Weide an Gewässern und Feuchtwiesen entlang der Diemel. Sie wird den Elementen Feuer und Wasser zugeordnet und
hat eine kräftige rötliche Farbe und eine warme Ausstrahlung. Sie
kommt mit nährstoffarmen Böden aus und reichert diese sogar
mit Nährstoffen und Sauerstoff an, sodass dort bald auch andere
Pflanzen gedeihen.

Da Erlen im Übergangsbereich zwischen Wasser und Erde stehen,
gelten sie als Heimstatt für verschiedenste Naturgeister. Dass sie

oft von Misteln befallen werden, deutet auf alte Kultplätze hin. Misteln gehen mit ihren Wirtsbäumen eine symbiotische Beziehung ein; die Mistel wirkt harmonisierend bei Erdstrahlen und schützt Bäume vor Krankheiten. Da das Holz der Erle im Wasser nicht verfault, nutzten unsere Vorfahren es gern zum Bau von Palisaden, Pfahlbauten und Bohlendämmen.

In der griechischen Mythologie ist die Erle stark mit Magie verknüpft. So heißt es, dass sich die Töchter des Helios aus Trauer um ihren verstorbenen Vater in Erlenbäume verwandelten. Die berühmte Zauberin Circe lebt zusammen mit ihren in Erlen verwandelten Schwestern auf der Insel Aiaia. Laut irisch-keltischer Mythologie ist der erste Mann aus einer Erle entstanden, die erste Frau aus einer Eberesche. Daher ist die Erle eng mit der menschlichen Seele verbunden.

Für die Kelten gehörte die Erle zu den am meisten gefürchteten mystischen Bäumen. Durch ihren Standort in Feuchtgebieten galt sie als unheimlicher Wohnort böser Geister. Feen, Elfen und Moorgeister sollen sich des Nachts unter den Erlen zum Tanz versammeln. Vermutlich lag es am blutroten Pflanzensaft, der beim Beschneiden der Bäume austrat, dass sie zudem den Beinamen »die blutenden Bäume« erhielten.

Für die Germanen war die rote Farbe des frisch geschlagenen Erlenholzes der Inbegriff des Teufels, der Hexen und des Bösen; selbst der Boden, auf dem sie standen, galt als verflucht.

Der Sage nach soll das Kreuz Christi aus Erlenholz gezimmert gewesen sein; die rote Farbe des Holzes wurde als Christi Blut interpretiert. In Thüringen soll es auch heute noch Brauch sein, am Karfreitag schweigend Erlenzweige ins Haus zu tragen, um daraus ein Kreuz zu fertigen.

In Goethes Ballade »Der Erlkönig« kommt die Erle zu schaurigem Ruhm. Sie steht auch für Alter, Wissen und Vertrautheit mit dem Tod.

Früher wurde Erlenholz gern zur Herstellung von Holzgeschirr und derben Holzschuhen verwendet. Sägespäne aus Erlenholz sind wegen ihres feinen Aromas zum Räuchern von Fisch und Fleisch beliebt. Im Mittelalter sollte das Aufhängen von Erlenzweigen Haus und Hof vor Hexerei schützen.

Die Erle in der Naturheilkunde

☞ Die Heilkraft der Erle gilt als schmerzlindernd und fiebersenkend. Bei Hals- und Zahnfleischentzündungen kann mit einem Sud aus Blättern und Rinde der Erle gegurgelt werden. Außerdem heißt es, dass die Baumessenz der Schwarzerle den Verstand schärfen, das Verständnis für Zusammenhänge unterstützen und die Wahrnehmung auf allen Ebenen klären kann.

ESCHE

In der Mythologie war die Eberesche dem Gewittergott Donar geweiht, was für mich wieder ein Hinweis auf die Druiden vom Priesterberg ist. Denn der Überlieferung nach entsprang der Weltenbaum, die Yggdrasil, die Achse der Welt, aus einer Esche.

Die Druiden trugen Stäbe aus Eschenholz, die Glück und Macht bringen sowie die Beherrschung des Wetters ermöglichen sollten, denn die Esche ist ein mächtiger Baum mit maskulinen Charakterzügen.

Die Esche gehört zur Familie der Ölbaumgewächse; sie wird den Elementen Feuer und Wasser zugeordnet. Als Licht- und Sonnenbaum ist ihr Symbol ein Sonnenstrahl, der das Wasser der Erde befruchten soll und Macht über das Wasser hat. Die Vereinigung von Licht und Wasser steht für Wiedergeburt.

Die Esche wächst auf feuchten und nährstoffreichen Böden. Sie gilt als Symbol des Göttlichen; man sagt ihr magische Kräfte nach. So gehört sie zu den Glück versprechenden Bäumen, die Unheil abwenden sollen.

Das Wort Esche bedeutet auch »Speer«, und das Eschenholz eignet sich gut zur Herstellung von Speeren. Der Eschenspeer taucht in zahlreichen Mythen auf, unter anderem im Zusammenhang mit dem Heiligen Gral. Im antiken Griechenland galten Eschen als Feuerspender und heilkräftige Medizinbäume. Nach dem keltischen Baumhoroskop sind im Zeichen der Esche Geborene ehrgeizige Pioniere und freiheitsliebende Führungspersönlichkeiten.

Die Esche wird mit Flexibilität und Ausdauer sowie der Fähigkeit, ein Netzwerk zu schaffen, assoziiert. Als Weltenbaum verbindet sie Himmel und Erde; ihre Wurzeln reichen bis tief hinab in die Unterwelt. Fischer fertigten Ruder und Bootsrippen aus Eschenholz, da es vor den Fluten schützen sollte. Heute benutzt man Eschenholz vor allem zur Herstellung von Werkzeugstielen und Möbeln.

Die Esche in der Naturheilkunde

☜ Aus den Blättern der Esche kann man einen belebenden Tee zubereiten, der auch harntreibend und leicht abführend wirken kann. Samen und Rinde der Esche sollen fiebersenkende Wirkung haben.

Da die Esche als Druidenbaum gilt, steht ihr Rauch für Wissen und Weisheit. Er soll die Urteilskraft stärken und Schutz vor magischen Angriffen bieten. Eine Räucherung kann helfen, in einer Welt von Gegensätzen den eigenen Weg zu finden sowie innere Zerrissenheit und geistige Blockaden zu lösen. Darüber hinaus kann sie Vertrauen schaffen und Körper, Geist und Seele harmonisieren.

Eiche

»Stark wie eine Eiche« ist ein Ausdruck, den jeder kennt. Stamm und Äste der Eiche sind relativ fest und starr. Wenn sich die Blätter im Wind bewegen, ertönt ein vertrautes und beruhigendes Rauschen.

Da das Holz der Eiche sowohl eine große Festigkeit als auch eine hohe Elastizität hat, ist es extrem haltbar, auch im Freien und sogar unter Wasser. In den Wäldern von Obermarsberg findet man viele Eichenbäume, häufig an Stellen, an denen sich Wasseradern kreuzen.

Eichen wachsen sehr langsam. Erst wenn sie sechzig bis achtzig Jahre alt sind, blühen sie zum ersten Mal.

Bei den Druiden galt die Eiche als König des Waldes und als Symbol für Weisheit und Inspiration. Man glaubte, dass Naturgeister wie Elfen, Feen und Kobolde in ihr wohnen würden. Außerdem heißt es, man könne bei Meditationen unter einer Eiche Merlin treffen.

Wer so fest steht wie eine Eiche, der hat im Leben Erfolg und Bestand. Eine Eiche zu umarmen, lässt einen die besondere Energie des Baumes spüren, die Mut, Hoffnung und Kraft verleihen kann.

Im Mittelalter wurde unter Eichen Gericht gehalten. Der Legende zufolge war der runde Tisch von König Artus, an dem er die Ritter der Tafelrunde versammelte, aus dem Stamm einer einzigen Eiche geschnitten. Auch bei den Germanen galt die Eiche als Königin der Bäume. Da der Blitz oft in Eichen einschlägt, betrachteten sie

Blitze als göttliche Kraft, die die Erde befruchten sollte. Blitze sind auch das Attribut der den Himmel beherrschenden Götter wie Zeus, Jupiter, Thor und Donar. So kam die Eiche zu dem Namen »Donnereiche«, dem Sitz von Thor.

Während der Christianisierung wollte Bonifatius um 760 n.Chr. ein Zeichen setzen, indem er Thors Eiche, die Donar-Eiche, fällen und aus ihrem Holz an anderer Stelle ein Bethaus bauen ließ.

Eichenholz wird wegen seiner Festigkeit für das Gebälk in Häusern genutzt und soll nach altem Glauben vor Blitzeinschlag, Hexerei und bösen Geistern schützen. Dafür werden auch heute noch die Eichenbalken der Dachstühle in Runenform gebaut. Das Haus, in dem mein Mann und ich leben, wurde um die Jahrhundertwende des vorigen Jahrhunderts erbaut, und in unserem Seminarraum kann man mehrere Runen sehen.

Der Eiche sowie ihren Früchten, den Eicheln, wird eine große Schutzwirkung nachgesagt. Daher werden Eicheln oft auf Fensterbänken ausgebreitet oder in der Hosentasche getragen. Sie sollen vor schnellem Altern, Altersgebrechlichkeit und vor den unterschiedlichsten Krankheiten bewahren. Früher wurde Frauen mit unerfülltem Kinderwunsch geraten, am Johannistag eine Eiche zu umarmen.

Früchte und Blätter der Eiche werden gern als Symbole für Wappen, Münzen, Karten und Abzeichen genutzt. Beides findet man auch auf unseren heutigen Münzen.

Die Eiche als Baum der Lebenskraft und Fruchtbarkeit bietet vielen Tieren einen Lebensraum. Dazu gehören Eichhörnchen, Eichelhäher, Spechte, Gallwespen, Wildschweine und zahlreiche

Käfer. Es heißt, dass an und in einer einzigen Eiche etwa zweihundert Tiere leben.

Früher wurde aus Eicheln Mehl hergestellt, um daraus Brot und anderes Gebäck zu backen. Eichelblutwurst galt im Mittelalter als Arme-Leute-Essen, und Eichelkaffee war als Kräftigungsmittel bekannt. Schweine wurden direkt in den Wäldern mit Eicheln gemästet.

In der Naturheilkunde ist die Eiche kaum von Interesse.

Die Magie der Kräuter & Blumen in und um Obermarsberg

Am steilen Westhang des Eresberges, der sogenannten Königsseite unterhalb von Obermarsberg, findet man in enger Nachbarschaft ganz unterschiedliche Arten von Laubwäldern, darunter auch botanische Kostbarkeiten. Mehrstämmige knorrige Hainbuchen, die durch frühere Niederwaldnutzung entstanden sind, fallen ins Auge. Neben den schattigen, kühlen Buchen- und Schatthangwäldern im Hagen gibt es auch waldfreie, felsige und besonnte Stellen wie den Rittersprung, an denen sich Eidechsen und Nistvögel angesiedelt haben.

Dem Westhang gegenüber liegt der Priesterberg. Unterhalb des Waldes ziehen sich mit Gebüsch durchsetzte Magerweiden und Magerrasen bis hinunter ins Diemeltal. Die strukturelle Vielfalt dieses Gebietes sorgt für reichen Pflanzenwuchs, darunter sogar einige Orchideenarten.

Das Wissen um die heilende Wirkung von Pflanzen, Kräutern und Bäumen wird seit vielen Jahrtausenden von Generation zu

Generation weitergegeben. Zwar ist durch die Hexenverfolgung im Mittelalter und die Entwicklung der Schulmedizin einiges von diesem heilkundlichen Volkswissen verloren gegangen, andererseits beginnen jedoch heutzutage wieder viele Menschen, sich für Naturheilkunde zu interessieren. Ich selbst empfinde die Natur um Obermarsberg wie eine große Selbstbedienungs-Apotheke, die ich gern nutze. In diesem Kapitel stelle ich der Jahreszeit folgend die wichtigsten Heilpflanzen vor.

BUSCHWINDRÖSCHEN

Wenn zum Ende des Winters der letzte Schnee geschmolzen ist, ziert das Buschwindröschen den Hagen. Es ist ein Hahnenfußgewächs und eine Anemonenart.

Anemona war der Name einer Nymphe am Hof der Göttin Flora. Der Legende nach soll sich Floras Gatte Zephyr, der Gott des Windes, in Anemona verliebt haben, worauf sie von der eifersüchtigen Göttin in eine Blume verwandelt wurde.

Buschwindröschen sind wie alle Hahnenfußgewächse giftig und dürfen keinesfalls frisch verzehrt werden. Wegen seiner Giftigkeit ist das Buschwindröschen aber auch eine der typischen Hexenpflanzen; ihm wurden geheimnisvolle Kräfte nachgesagt. Kräuterweiber verwendeten die blühende Pflanze oberhalb der Wurzel zu Heilungszwecken. Das Kraut musste allerdings ganz durchgetrocknet sein, weil die Trocknung einen transformierenden Prozess in Gang setzte, der das Gift Protoanemonin unwirksam machte.

Anschließend wurde das Kraut äußerlich gegen Zahnschmerzen, rheumatische Beschwerden und Fieber eingesetzt. Hierzu wurden Wurzeln, Blätter und Stängel klein geschnitten, mit heißem Wasser überbrüht und in einem Leinentuch-Umschlag auf die zu behandelnden Stellen gelegt. Dem Saft der Wurzel wurde reinigende Wirkung bei Geschwüren und Hautausschlägen nachgesagt. Ein Brauch, der wohl Jahrhunderte überdauert hat, war es, die Blüten des Buschwindröschens zu pflücken und dabei den Spruch »Ich sammle das gegen alle Krankheiten« zu sagen. Die Blüten wurden zu einer Kette geflochten und einem kranken Menschen um den Hals gelegt.

Heute wird das Buschwindröschen in Blütenessenzen und in homöopathischer Verdünnung verwendet. Blütenessenzen werden gern aufgrund ihrer feinstofflichen Wirkung eingesetzt und können helfen, seelisches Ungleichgewicht aufzulösen und so zur Lösung weit zurückreichender seelischer Probleme beizutragen.

Wegen der Toxizität des Buschwindröschens sollten Selbstversuche mit Tee, Tinkturen oder Umschlägen auf jeden Fall vermieden werden!

LEBERBLÜMCHEN

Das Leberblümchen gehört wohl zu den bekanntesten heimischen Frühblühern. Es ist oft an lichten Stellen im Hagen neben dem Buschwindröschen anzutreffen und ist wie dieses ein Hahnenfußgewächs und somit schwach giftig. Seine Blüten öffnen sich ab Februar bis April; sie haben jeweils nur eine Blütezeit von etwa einer Woche. Leberblümchen sind klein, zart und fein. Ihr Name geht wohl auf die Form ihrer Blätter, die der menschlichen Leber ähnelt, zurück.

Im Mittelalter verräucherten die Kräuterweiber das Kraut des Leberblümchens zur Reinigung. In Heilstätten klärte der Rauch des Leberkrautes die Atmosphäre und machte die Luft frischer; seine desinfizierende Wirkung beugte Krankheitskeimen vor.

Das Leberblümchen gilt als gefährdete Pflanze und darf weder gepflückt noch ausgegraben werden.

BÄRLAUCH

Etwas später im Jahresverlauf duftet der Hagen intensiv nach Knoblauch. Hier wächst großflächig Bärlauch, der nur darauf wartet, geerntet zu werden. Wegen seiner knoblauchähnlichen Substanzen wirkt er ähnlich wie Knoblauch. Er fördert die Verdauung und regt den Stoffwechsel an. Durch seine blutreinigende Wirkung kann er Arteriosklerose verhindern, den Blutdruck senken und sogar Herzinfarkt und Schlaganfall vorbeugen. Bärlauch ist ein Geschenk der Natur gegen viele Zivilisationskrankheiten und steht uns allen kostenlos zur Verfügung.

Bärlauch sollte immer frisch verwendet werden, denn beim Trocknen gehen die wertvollen Wirkstoffe verloren. Besonders lecker sind die jungen Bärlauchblätter, aber auch die Knospen schmecken gut. Kräuterquark oder Pesto mit reichlich Bärlauch darin gehören zu den leckersten Geschmackserlebnissen im Frühling und sind obendrein noch sehr gesund.

Bärlauch in der Naturheilkunde

☞ Eine Bärlauchtinktur kann innerlich bei Magen- und Darmstörungen, Durchfall, als blutreinigende Frühjahrskur, zur Anregung des gesamten Körperstoffwechsels sowie zur Unterstützung bei rheumatischen Erkrankungen angewendet werden. Nach der Einnahme von Antibiotika regt Bärlauch die Regeneration der Darmflora an.

☞ Äußerlich kann die Tinktur bei Hautunreinheiten und Hautausschlägen, Akne und Ekzemen genutzt werden. Trägt man sie auf die Fußsohlen auf, kann sie Schwermetalle ausleiten.

Herstellung der Bärlauchtinktur

☞ Bärlauchblätter kleingeschnitten in ein Schraubglas geben und mit 40-prozentigem Alkohol (Wodka oder Korn) übergießen. Das verschlossene Glas für etwa drei Wochen an einen warmen, hellen Ort stellen und täglich vorsichtig umdrehen. Nach drei Wochen die Tinktur filtern und die so gewonnene Flüssigkeit in dunkle Flaschen abfüllen. Bei Bedarf gibt man 13 bis 21 Tropfen der Tinktur in Kräutertee, den man über den Tag

verteilt trinkt. Wegen des Alkoholgehaltes sollten Kinder und
Schwangere die Tinktur nicht innerlich anwenden.

☞ Vorsicht beim Sammeln: Bärlauch kann leicht mit dem im
Mai blühenden giftigen Maiglöckchen verwechselt werden!

WALDMEISTER

Im Mai verströmt der Waldmeister mit Kraut und Blüten seinen
zarten Duft durch den ganzen Wald. Im Volksmund wird er auch
Maiblume oder Maikraut genannt. Zu seinen überlieferten Heil-
wirkungen gehört, dass er – in geringer Dosis verabreicht – gegen
Kopfschmerzen und Migräne hilft. In zu hoher Dosierung kann er
jedoch Kopfschmerzen verursachen.

Waldmeister in der Naturheilkunde

☞ Das blühende Kraut wird zur Herstellung eines Tees verwendet. Der Tee kann die Blutgefäße sowie Leber und Nieren
stärken und bei geschwollenen Füßen Linderung bringen. Bei
Menstruationsschmerzen kann er krampflösend wirken; hier
erzielt man die gleiche Wirkung durch die Einreibung mit
einem Mazerat.

☞ Zur Herstellung des Mazerats wird Waldmeisterkraut
vor der Blüte gesammelt und über Nacht offen zum Trocknen

gelagert. Am nächsten Tag wird das Kraut in ein sauberes
Schraubglas gefüllt und mit Pflanzenöl (Oliven-, Mandel- oder
Jojobaöl) übergossen, bis es gut bedeckt ist. Anschließend das
Glas für ein bis drei Wochen an einen warmen Platz stellen
und ab und zu schütteln. Nach dieser Zeit werden die Pflanzen-
teile durch ein Tuch abgefiltert. Das fertige Mazerat in dunkle
Flaschen abfüllen.

☞ Früher wurde Waldmeister wegen seiner beruhigenden
und entkrampfenden Eigenschaften gern mit Lavendel und anderen getrockneten Duftkräutern vermischt und in Duftkissen
gegeben, um das Wohlbefinden zu fördern.

Ich selbst sammle das Waldmeisterkraut vor der Blüte, wenn ich
zur Walpurgisnacht eine Maibowle ansetzen will. Dafür binde
ich eine Handvoll Waldmeisterkraut zu einem Sträußchen und
lasse es kurz anwelken, bevorzugt in der Sonne. Anschließend
wird das Sträußchen in einen Krug mit Wein gehängt und für
etwa zwei Stunden darin ziehen gelassen. Für die Süße löse ich ein
wenig Rohrzucker oder Honig in heißem Wasser auf und gebe dies
zum Wein. Ich mag prickelnde Getränke; daher gebe ich vor dem
Servieren entweder eine Flasche gekühlten Sekt oder eine Flasche
Selters in den Krug.

☞ Die Kinder aus meiner Nachbarschaft mögen Waldmeis-
tersirup. Um diesen zuzubereiten, ernte ich den Waldmeister
am Abend, lasse das Kraut über Nacht trocknen und stelle am
nächsten Tag einen Zuckersirup her. Das angetrocknete Waldmeisterkraut und zwei bis drei in Scheiben geschnittene Bio-
zitronen füge ich dem Sirup zu. Dieses Gemisch bleibt zwei bis

drei Tage stehen und wird ab und zu umgerührt. Anschließend siebe ich die Pflanzenteile aus, koche den Sirup einmal auf und fülle ihn heiß in saubere Flaschen ab. So ist der Sirup über den Sommer haltbar und ergibt zusammen mit Wasser viele leckere Getränke.

☞ Das Räuchern mit Waldmeister ist in Vergessenheit geraten, aber man kann die ganze Pflanze mit der Blüte zum Räuchern verwenden.

Bei dem Volk um die Eresburg war Waldmeister einst sehr beliebt, weil man glaubte, dass sein Rauch Hexen vertreiben und den bösen Blick abwehren könne. Auch wurde Waldmeister zu magischen Zwecken verräuchert, um mit seinem zarten Duft Feenwesen anzulocken, die Geld und Wohlstand mit sich bringen sollten. Um Liebe und Harmonie anzuziehen, wurde Waldmeister Liebestränken beigegeben.

☞ Getrocknetes Waldmeisterkraut vertrieb Motten und anderes Ungeziefer aus den Schränken. Männer mischten Waldmeister in ihr Bier; dieser »Zaubertrank« sollte bei den Kämpfen um die Eresburg Schutz bieten und den Sieg bringen.

MAIGLÖCKCHEN

Wie der Name schon sagt, ist der Mai die Hauptblütezeit des Maiglöckchens. Es wächst hier an einigen Stellen am Priesterberg und im Hagen. Da es der Marskraft zugeordnet ist, gehört es definitiv zu Obermarsberg. Es hat fünf bis dreizehn glockenförmige weiße Blüten an einer endständigen, lang gestielten Traube. Die Blüten weisen in alle Richtungen und verströmen einen starken, betörenden Duft. Nach der Blütezeit von Mai bis Juni erscheinen im Juli und August rote Beeren an den Blütenansätzen.

Wegen der in ihm enthaltenen Glycoside ist das Maiglöckchen zugleich Gift- und Heilpflanze. Früher galt es als wertvolles Heilmittel, um ein schwaches Herz zu stärken und dem unregelmäßig schlagenden Herzen wieder zum richtigen Rhythmus zu verhelfen. Auch wurde es früher in der Volksheilkunde bei Erkrankungen des Nervensystems eingesetzt.

Da alle Pflanzenteile des Maiglöckchens giftig sind, ist seine Verwendung und Verarbeitung nicht erlaubt. Kinder sollten auf keinen Fall damit in Berührung kommen.

Extrakte des Maiglöckchens werden in der Homöopathie zu einem Herzmittel verarbeitet. Dank seines betörenden Duftes wird das Blütenöl oft Parfums beigemischt.

In der Mythologie gilt das Maiglöckchen als Glücks- und Liebessymbol. Der Legende nach soll es dort entstanden sein, wo Maria neben Jesus Kreuz ihre Tränen vergoss. Daher stammen die Namen

»Frauen- oder Marientränen«; es gehört zu den sogenannten Marienblumen und ist ein christliches Symbol des Heils und der reinen Liebe. Die weißen Blüten stehen für Reinheit, das Grün der Blätter für Hoffnung. Einst wurden Maiglöckchen auch in Brautsträußen verwendet; die weißen Blüten symbolisierten die Reinheit der Braut.

Das Maiglöckchen kann bei allen Liebesangelegenheiten und besonders bei Liebeskummer gut geräuchert werden. Es heißt, dass der Rauch die richtigen Entscheidungen aufzeigt und den Weg für Neues freimacht, wenn eine Liebesbeziehung zu Ende gegangen ist. Die Pflanzenkraft des Maiglöckchens steht für Neuanfang und soll verlorenes Glück zurückbringen können.

In der Nikolaikirche gibt es einen Altar mit einer besonders schönen Marienfigur, der im Mai zu Ehren Marias gern mit Maiglöckchen geschmückt wird.

WALDLABKRAUT

Das Waldlabkraut kann man leicht mit dem Waldmeister verwechseln, allerdings blüht es erst im Juni/Juli. Man unterscheidet zwei heilkräftige Arten, zum einen das weiter verbreitete Klettenlabkraut mit weißen Blüten, zum anderen das noch wirksamere echte Labkraut mit gelben Blüten. Das Klettenlabkraut kennt wohl jeder von den Waldspaziergängen, wenn sich kleine Kletten an Hosen und Strümpfen festheften.

Waldlabkraut in der Naturheilkunde

Früher wurde Labkraut gern äußerlich bei Hautproblemen angewendet, indem der frische Saft des Krautes auf die betroffene Hautstelle getupft und trocknen gelassen wurde. Ist ein Frischsaft nicht verfügbar, kann man aus dem Klettenlabkraut einen Tee zubereiten und diesen auf die zu behandelnde Stelle tupfen oder als Kompresse auflegen. Im Mittelalter dienten die Früchte des Labkrauts als Gerinnungsmittel bei der Käseherstellung. Geröstet und fein gemahlen waren sie sogar ein guter Kaffeeersatz.

Wir verlassen nun den Hagen und wechseln auf die gegenüberliegende Seite zum Priesterberg mit seinen Magerwiesen. Dort sind ebenfalls einige besondere Pflanzen beheimatet.

SCHLÜSSELBLUME

Die Schlüsselblume ziert den Hang unterhalb des Priesterbergs und zieht mit ihren gelb leuchtenden Blüten die Blicke an.
Schon die Druiden, die Kelten und die Germanen kannten die Heilkraft der Schlüsselblume. Bei Frühlingsfesten wurde wohl unter anderem ein berauschender Trunk aus ihr bereitet. In einigen Sagen wird die Schlüsselblume als Schlüssel für geheimnisvolle Keller oder Schatzkammern verwendet. Blühte eine Schlüsselblume zu Weihnachten, galt sie als besonders zauberkräftig.

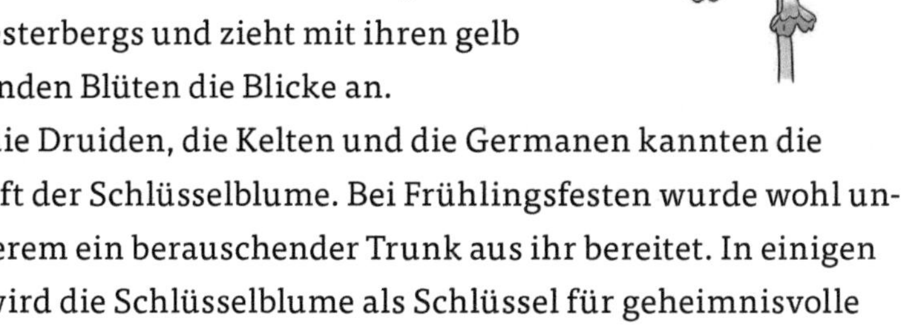

Die Schlüsselblume soll aus dem Zaubergarten der Muttergöttin stammen. Man ordnet sie Freya, Aphrodite oder der wunderschönen Venus zu. Im Laufe der Zeit wurde sie schließlich zur Pflanze der Jungfrau Maria und des Petrus, der als Wächter des Himmelstors gilt.

Schlüsselblumen vor Sonnenaufgang gepflückt und bis zur Walpurgisnacht aufbewahrt, wurden an das Vieh verfüttert, um es vor Krankheiten zu schützen.

Rund um Obermarsberg ist die Schlüsselblume weit verbreitet, in anderen Gegenden ist sie jedoch seltener geworden. Sie steht daher unter Naturschutz und darf nur mit Erlaubnis gesammelt werden. Hildegard von Bingen bezeichnete sie als Himmelsschlüssel, die den Himmel aufschließen können sollte. Dazu passt vielleicht, dass sie bei äußerlicher Anwendung wärmen und gegen Melancholie helfen soll.

In der Volksheilkunde wurde die Schlüsselblume vor allem bei Husten angewendet, was heutzutage sogar wissenschaftlich anerkannt, aufgrund des Naturschutzes jedoch nur noch begrenzt einsetzbar ist. Ein Tee aus Blüten der Schlüsselblume kann bei Atemwegserkrankungen Linderung bringen; der Schleim löst sich, und die Entzündung geht zurück. Auch beruhigt ein solcher Tee die Nerven, lässt Kopfschmerzen verschwinden und hilft beim Einschlafen. Ein schwaches Herz kann durch das Trinken von Schlüsselblumentee gestärkt werden, Wasseransammlungen in den Füßen können ausgeschwemmt werden.

Schlüsselblume in der Naturheilkunde

☞ Zur Herstellung einer Schlüsselblumentinktur werden die Blumen in einem Schraubdeckelglas mit Doppelkorn oder Weingeist übergossen, bis alle Pflanzenteile bedeckt sind. Diese Mischung lässt man verschlossen für zwei bis sechs Wochen stehen, dann filtert man und füllt die Flüssigkeit in eine dunkle Flasche ab.

☞ Von dieser Tinktur können ein- bis dreimal täglich 7-21 Tropfen eingenommen werden. Sie hat eine nervenberuhigende Wirkung und kann zu besserem Schlaf verhelfen; auch bei Migräne, Neuralgien und Schwindel kann sie eingesetzt werden.

☞ Schlüsselblumen können als Badezusatz gegen Gliederschmerzen helfen. Dafür setzt man 150 Gramm Blumen auf einen Liter Wasser an und gibt diesen Aufguss ins Badewasser. Bekannt ist auch, dass Gesichtswasser und Salben, die mit Schlüsselblumen angereichert werden, gegen Sommersprossen, Pickel und Falten wirken sollen.

In Obermarsberg hat das Ordnungsamt einer bekannten Kräuterspezialistin die Erlaubnis erteilt, jährlich eine bestimmte Menge an Schlüsselblumen zu pflücken, um mit den Blüten Wein anzusetzen.

GRÜNLICHE WALDHYAZINTHE

Die Grünliche Waldhyazinthe ist eine Orchideenart, die als sommergrüne, ausdauernde, krautige Pflanze eine Wuchshöhe von 30 bis 60 Zentimeter erreichen kann. Im Volksmund wird sie auch Berg-Kuckucksblume genannt. Sie wird als gefährdet gelistet und ist nach dem Bundesnaturschutzgesetz besonders geschützt.

KLEINBLÄTTRIGE STENDELWURZ

Wer nach der Kleinblättrigen Stendelwurz sucht, die ebenfalls zur Familie der Orchideen gehört, braucht gute Augen, denn die Pflanze ist eher unscheinbar. Sie wird bis zu 50 Zentimeter hoch; die kleinen blassgrünen Blüten duften nach Vanille.

DREIZÄHNIGES KNABENKRAUT

Wie die Kleinblättrige Stendelwurz steht auch das Dreizähnige Knabenkraut unter Naturschutz, wie im Übrigen alle in Europa vorkommenden Orchideenarten. Man findet sie in den Magerweiden unterhalb des Priesterbergs.

ECHTES MÄDESÜSS

Auf den feuchten Wiesen und an den Ufern der Diemel haben die alten Druiden, Germanen und Kräuterfrauen nach Mädesüß gesucht. Echtes Mädesüß galt bei dem Volk der Irminsul und auch bei den Kelten als eine von vier heiligen Pflanzen. Mädesüß hat viele Namen; Geißbart, Spierstaude und Wiesenkönigin sind nur einige davon. Da die Pflanze zur Zeit der Sommersonnenwende blüht, kann man vermuten, dass sie bei rituellen Festen an der Irminsul verwendet und zum Beispiel dem Met zugesetzt wurde. Das duftende Kraut gab dem Getränk einen aromatischen Geschmack und die Süße, woraus sich eventuell sein Name ableitet. Außerdem sollte dieser magische Trank Visionen und Träume verstärken können.

Vom Mädesüß wurden vorwiegend Blüten und Wurzeln verwendet; lediglich zur Abwehr böser Magie wurde aus den Pflanzen ein Sträußchen gebunden und aufgehängt, auch wurde die getrocknete Pflanze verräuchert.

Mädesüß in der Naturheilkunde

☞ Mädesüß enthält Salicylsäure, also die pflanzliche Naturform des Aspirins. Das erklärt die schmerzlindernde und entzündungshemmende Wirkung der Pflanze, die bereits von den Naturvölkern geschätzt wurde. Wer jedoch auf Medikamente mit Acetylsalicylsäure allergisch reagiert, sollte kein Mädesüß verwenden!

☞ Ein Mädesüß-Tee kann bei Erkältungen und grippalen Infekten das Fieber senken und das Abschwellen der Schleimhäute unterstützen. Bei Wasseransammlungen in den Beinen hilft der Tee durch seine harntreibende und entgiftende Wirkung, das Wasser über den Urin auszuscheiden.

☞ Für den Mädesüß-Tee wird ein Teelöffel voll Blüten und Blätter mit 250 ml kochendem Wasser überbrüht und fünf Minuten ziehen gelassen, dann schluckweise getrunken. Ein Tee aus Mädesüß-Wurzeln wird mit kaltem Wasser angesetzt, sechs Stunden stehen gelassen und dann kurz aufgekocht. Den Sud lässt man zwei Minuten ziehen, filtert ihn ab und trinkt ihn schluckweise über den Tag verteilt.

☞ Bei Gelenkschmerzen, Rheuma oder Kopfschmerzen kann ein Mädesüß-Wein eine wirksame Medizin sein. Für den Wein werden Blätter und Blüten des Mädesüß mit 0,7 Liter Weißwein angesetzt und zwei Wochen an einen warmen Ort gestellt. Die Flasche soll regelmäßig gedreht werden. Dann das Kraut absieben. Ein Likörglas dieses Weins kann über den Tag verteilt getrunken werden.

☞ Aus Mädesüß kann man auch eine Tinktur zur Behandlung von Gelenkschmerzen herstellen. Dazu werden zwei Handvoll Blüten und Blätter der Pflanze mit 500 ml etwa 40-prozentigen Alkohols (Wodka, Korn o.ä.) übergossen, vier Wochen stehen gelassen, regelmäßig geschüttelt und dann abgefiltert. Die so entstandene Tinktur füllt man in dunkle Fläschchen und reibt damit die schmerzenden Gelenke ein.

BALDRIAN

Baldrian wächst auf feuchten Waldböden entlang der Diemel und blüht im Sommer. Er gilt ebenfalls als germanische Heil- und Ritualpflanze und wurde als Schutzkraut gegen Hexen und Teufelszauber, aber auch als Glücksbringer genutzt. Zu Reinigungszwecken wurde mit Baldrian geräuchert, Baldrian-Sträußchen wurden an die Haustüren und Stallungen gehängt. Getrocknete Baldrian-Wurzeln wurden in Kräuterkissen gefüllt, um für guten Schlaf zu sorgen.

Baldrian in der Naturheilkunde

☞ Auch heute noch ist die beruhigende Wirkung des Baldrians bekannt. Seine Bestandteile Monoterpene und Sesquiterpene wirken auf das zentrale Nervensystem und helfen gegen innere Unruhe, Anspannung, Prüfungsangst und Schlafstörungen. Dazu kann man aus zwei Teelöffeln Baldrianwurzel und kochendem Wasser einen Tee zubereiten, den man acht Minuten ziehen lässt, abfiltert und in kleinen Schlucken zu sich nimmt.

☞ Zum Räuchern kann man Baldrian gut mit Nadelhölzern und Lavendel mischen; wegen des starken Eigengeruchs fügt man nur kleine Mengen der Baldrianwurzel hinzu. Die Räucherung kann ein aufgewühltes Innenleben beruhigen und bei kreisenden Gedanken Klarheit schaffen. Da Baldrian dem Element Wasser zugeordnet wird, kann er das Loslassen von

Personen und Situationen begünstigen. Es heißt außerdem, dass Baldrian den eigenen Willen stärken, Mut schenken und die Intuition fördern kann, wodurch Glück und Erfolg angezogen werden.

BEIFUSS

In alten Aufzeichnungen wird Beifuß der »Meister des Energieflusses« genannt; er ist dem Element Feuer zugeordnet. Sein lateinischer Name ist Artemisia, abgeleitet von der Göttin Artemis, der Schutzgöttin aller Heilkräuter. Namen wie Thorwurz und Sonnenwendkraut deuten an, dass Beifuß auf der Eresburg schon sehr lange Zeit verwendet wurde, denn es ist überliefert, dass das Kraut bei den Sonnenwendfeiern an der Irminsul Energien freisetzen sollte, um die eigene Kraft zu stärken. Es wurden Gürtel daraus geflochten und um die Hüfte gebunden, die magische Wirkung haben sollten. Die Frauen sprangen damit über das Sonnenwendfeuer, um mit Tänzen und Gesang den Göttern zu danken und um Gesundheit zu bitten. Beifuß wurde dabei auch ins Feuer geworfen, um alles Böse loszuwerden.

Für die Kelten war der Beifuß eine der wichtigsten heiligen Pflanzen. Zu Samhain, dem keltischen Fest im November, räucherte man mit Beifuß, um böse Geister zu vertreiben. Während der Schlachten trug man Beifuß bei sich; er sollte wie eine unsichtbare Rüstung wirken, schützen und die eigene Kraft verdoppeln. Auch die alten Germanen schätzten den Beifuß als kultische

Pflanze. Er wurde beispielsweise zum Schutz vor Blitzeinschlägen über allen Eingängen aufgehängt. Die Kräuterweiber verwendeten ihn bei schmerzenden Füßen und für Fruchtbarkeits- und Geburtsrituale. Ab der Christianisierung wurde der Beifuß dann als Hexenkraut verteufelt.

Beifuß in der Naturheilkunde

☞ Noch heute sind die im Beifuß enthaltenen Bitterstoffe und ätherischen Öle bedeutsam. Sie wirken appetitanregend, verdauungsfördernd, wurmfeindlich, krampflösend, harntreibend und antibakteriell; sie stimulieren die Gebärmutter, entspannen müde Füße, fördern Durchblutung und Gallenfluss. Beifuß gilt als das Frauenheilkraut schlechthin. Beifuß-Tee verspricht Linderung bei allen Erkrankungen der Unterleibsorgane, insbesondere bei Blasenentzündung, chronischer Eierstockentzündung, Ausfluss sowie bei Schmerzen und Unregelmäßigkeiten der Periode.

☞ Für den Tee überbrüht man einen Teelöffel Beifuß pro Tasse mit kochendem Wasser, lässt dies ein paar Minuten ziehen und siebt ab. Bei akuten Beschwerden kann man von diesem Tee zwei bis drei Tassen täglich trinken.

☞ Traditionell wird Beifuß als Gewürz zu fetten Speisen wie Gänsebraten gegeben. Seine Bitterstoffe und ätherischen Öle verbessern die Bekömmlichkeit, indem die Bildung von Magensaft und Gallenflüssigkeit angeregt wird. Ein Fußbad mit frischen Beifuß-Blättern wirkt wohltuend bei müden und geschwollenen Füßen.

☞ Beim Verräuchern entwickelt Beifuß einen bittersüßen, klaren und schweren Duft. Er kann einzeln oder gemeinsam mit Harzen verräuchert werden. Auf seelisch-geistiger Ebene kann Beifuß reinigend und ermutigend wirken sowie neue Perspektiven eröffnen. Zur Sonnenwende geräuchert soll er helfen, einen Schutzraum zu schaffen, um Altes leichter loslassen zu können.

VEILCHEN

Ich liebe es, im Frühling durch unseren Garten zu gehen und die blühenden Veilchen in ihrem kräftigen Violett überall auf der Wiese und am Wegrand zu bewundern; ihr feiner Duft hüllt den ganzen Garten ein. An einem sonnigen Tag setze ich gern Blütenessenzen von Veilchen an. Ich danke den Pflanzendevas für die Blüten, die sich zur Verfügung stellen und nehme nur wenige Blüten. Diese gebe ich in eine Glasschale, übergieße sie mit Wasser oder Alkohol und stelle sie für einige Zeit in die Sonne, damit durch deren Einwirkung die Pflanzenkraft in die Flüssigkeit übergeht. Die so entstandene Essenz kann das Selbstbewusstsein und den Glauben an die eigenen Fähigkeiten unterstützen.

In der Antike galt das Veilchen als heilige Blume, die dem Gott Pan geweiht und dem Planeten Saturn zugeordnet wurde. Zu Saturns Ehre wurden Veilchen zu Kränzen gebunden und als Kopfschmuck getragen. Es heißt, dass Hippokrates die Heilkraft des Veilchens bei Kopfschmerzen und Melancholie nutzte.

Das Veilchen gilt als Blume der Liebe und Zuneigung, aber auch als Frühlingsbote und Symbol der Hoffnung. Trotz seines betörenden Duftes verkörpert es Bescheidenheit, Stille und Zurückhaltung.

Das Veilchen in der Naturheilkunde

Veilchen-Tee wird bei vielen Beschwerden eingesetzt, so zum Beispiel bei Husten, Bronchitis und fiebrigen Erkältungen. Er soll auch beruhigend und entspannend auf Körper, Geist und Seele wirken. Ein Tee aus den Blättern des Veilchens kann bei Verstopfung helfen, da er leicht abführend wirkt. Äußerlich kann man den Tee bei Hautentzündungen, Rheuma und Gicht verwenden.

☞ Gegen Husten kann ein Veilchensirup helfen, der wie folgt hergestellt wird: Man lässt eine Handvoll frische Veilchenblüten einen Tag lang in 300 ml Wasser und 300 g Zucker ziehen. Dann werden die Blüten abgeseiht und die Flüssigkeit ungefähr eine Stunde im Wasserbad verkocht und eingedickt. Der so entstandene Sirup wird in eine Flasche gefüllt und gut verschlossen im Kühlschrank aufbewahrt. Wegen seiner aromatischen Süße mögen Kinder ihn gern.

☞ Die nach einem Rezept von Hildegard von Bingen herge-
stellte Veilchensalbe ist ein Geheimtipp zur Haut- und Narben-
pflege. Dafür werden 20 g frisches, blühendes Veilchenkraut
sehr fein zerkleinert und in einer Schüssel zusammen mit 10
ml Olivenöl und 20 g Wollfett im Wasserbad unter ständigem
Rühren erhitzt. Wenn die Fette flüssig sind, siebt man das Gemisch ab, lässt es etwas abkühlen und gibt dann zwei bis vier
Tropfen ätherisches Rosenöl hinzu. Nochmals gut umrühren
und noch warm und flüssig in ein sauberes Glas füllen. Diese
Salbe hält sich im Kühlschrank bis zu einem Jahr.

☞ Für Räucherungen werden die Veilchenblüten getrocknet und vorsichtig zerkleinert. Der Rauch hat einen kräftigen,
blumigen Duft und kann negative Energien vertreiben und die
Raumschwingung harmonisieren. Bedrückende Gedanken
können verfliegen, innere Ruhe kann sich einstellen. Deshalb
ist diese Räucherung gut für Meditationen geeignet. Es ist so,
als würde uns die Pflanzendeva des Veilchens an die Hand nehmen und uns neue Wege ins Glück aufzeigen.

☞ Eine Räuchermischung aus Veilchen, Salbei und Lavendel
eignet sich besonders gut nach dem Umzug in neue Räume, um
diese von den Energien der Vorbewohner zu reinigen.

Johanniskraut

In und um Obermarsberg wächst das Johanniskraut an den Wegrändern und im lichten Gebüsch. Es drehen sich viele Mythen, Sagen und Legenden um das Johanniskraut.  Germanen und Sachsen verehrten es als Lichtbringer und Symbol für die Sonne, da es zur Sonnenwende leuchtend gelb blüht. Als typische Sommersonnenwende-Pflanze wurde es am 21. Juni frisch gepflückt und zusammen mit anderen magischen Pflanzen zu einem Kranz geflochten, den die Frauen und Mädchen zur Sonnenwendfeier als Kopfschmuck trugen. Die Druiden vom Priesterberg nutzten es bei dieser Zeremonie, um sich unbesiegbar zu machen und die bösen Geister zu vertreiben. In Gegenden, in denen die alten Bräuche noch lebendig sind, werden heute noch Kränze aus Johanniskraut als Schutz vor Gewittern und bösen Hexen aufgehängt.

Im Mittelalter verwendete die Kirche Johanniskraut zur Teufelsaustreibung, indem man den Menschen, von denen man glaubte, sie seien vom Teufel besessen, Johanniskrauttee zu trinken gab. Die Betroffenen beruhigten sich daraufhin recht schnell. Aus heutiger Sicht würde man wohl annehmen, dass es sich um psychisch kranke Personen gehandelt hat.

Johanniskraut in der Naturheilkunde

In der Naturheilkunde wird die Pflanze, die das Sonnenlicht des Hochsommers speichern kann, genutzt, um trübe Wintertage zu erhellen. Ich selbst habe aus Johanniskraut-Blüten meine eigene »Petra-Rumpel-Blütenessenz« hergestellt, die gegen den Winterblues wirkt.

☞ Die Wirkstoffe Hypericin und Hyperforin sind für die auch von der Schulmedizin anerkannte antidepressive Wirkung des Johanniskrauts verantwortlich. Zerreibt man die Blüte zwischen den Fingern, tritt ein roter Farbstoff aus, was am Hypericin liegt. Johanniskraut wird bei vielen Beschwerden eingesetzt, wie beispielsweise nervöse Spannungen, Krämpfe, Erschöpfungszustände, Depressionen, Schlafstörungen, Wechseljahrsbeschwerden, Rheuma, Gicht, Verstauchungen, Quetschungen, Blutergüsse, Verbrennungen, Sonnenbrand, Insektenstiche, Wundheilung.

☞ Heutzutage ist hauptsächlich die Wirkung von Johanniskrauttee gegen leichte bis mittelschwere Depressionen bekannt. Dafür wird ein Teelöffel Johanniskraut mit kochendem Wasser überbrüht, sieben Minuten ziehen gelassen und abgesiebt. Es können drei Tassen Tee über den Tag verteilt getrunken werden.

☞ Zur Herstellung einer Tinktur werden am Spätnachmittag eines sonnigen Tages Johanniskrautblüten gesammelt, in ein Schraubglas gegeben und mit 40-prozentigem Alkohol (Wodka oder Korn) aufgefüllt. Das Glas wird an einen hellen Ort gestellt und drei bis sieben Wochen ziehen gelassen, wobei man das Glas gelegentlich umdreht. Danach wird der Inhalt abgefiltert und die Flüssigkeit in dunkle Flaschen gefüllt. Von dieser Tinktur kann man dreimal täglich jeweils 21 Tropfen einnehmen, oder man trägt sie direkt auf schmerzende Körperstellen auf.

☞ Ganz ähnlich funktioniert die Herstellung von Johanniskrautöl. Am Sonnenwendtag wird das blühende Kraut mitsamt Stiel geschnitten. Die Blüten werden vorsichtig abgezupft, in ein großes Schraubglas gegeben und mit der dreifachen Menge Bio-Pflanzenöl übergossen. Diese Mischung wird gut verschlossen für etwa sieben Wochen an einen warmen und sonnigen Platz gestellt und alle zwei bis drei Tage vorsichtig gedreht. Nach und nach färbt sich das Öl rot. Nach Ablauf der sieben Wochen wird das Mazerat gefiltert und das fertige Johanniskrautöl in dunkle Flaschen gefüllt. Dunkel und kühl gelagert hält es sich circa zwei Jahre. Es eignet sich gut als Massageöl und für Einreibungen bei Muskelkater, Verspannungen, Blutergüssen und Hexenschuss. Ebenso kann es als mildes Baby-Öl und als hautpflegendes Mittel bei rauen Füßen verwendet werden.

☞ Johanniskrautöl kann leicht zu Balsam weiterverarbeitet werden, da dieser sich besser auftragen lässt und schneller einzieht als das Öl. Man fügt fünf Gramm Bienenwachs zu 50 ml Johanniskrautöl zu und erwärmt das Ganze bei circa 70 Grad im Wasserbad. Sobald das Bienenwachs geschmolzen ist, lässt man die Mischung abkühlen und gibt je nach Verwendungszweck ätherisches Öl hinzu. So wirkt Rosenöl hautpflegend;

Muskatellersalbeiöl wirkt zum Beispiel entspannend bei
Menstruationsschmerzen, Wintergrün bei Muskelschmerzen.
Den Balsam füllt man in saubere Cremetiegel und lässt ihn aus-
kühlen.

☞   Beim Räuchern mit Johanniskraut entsteht ein süßer,
krautiger Duft, der sowohl im elektromagnetischen wie im
emotionalen Bereich Spannungen auflösen, vor negativen Einflüssen schützen sowie beruhigend und ausgleichend wirken
kann. An trüben Tagen kann er die Sonne in unser Leben
zurückbringen und unsere Stimmung aufhellen.

Hier endet nun unsere gemeinsame Reise zu den Kraftorten in und um Obermarsberg und zu den historischen Schauplätzen rund um die Eresburg. Für mich ist damit auch die Magie der Baum- und Pflanzenwelt untrennbar verbunden. Das alles zusammen macht Obermarsberg zu meinem geheimnisvollen Ort der Kraft.

Danke ...

... Ich danke allen Menschen und geistigen Wesenheiten, die es mir ermöglicht haben, dieses Buch zu schreiben. Allen voran gilt mein Dank *Rolf Bickelhaupt*, der mich zum Schreiben aufgefordert und ermutigt hat und mir damit die Möglichkeit gab, meinen Kraftort vorzustellen.

Danke an *Hermann Runte*, der mir umfangreiche Unterlagen aus seinem Archiv zur Verfügung gestellt und mich somit unterstützt hat, die Geschichte von Obermarsberg korrekt wiederzugeben. Danke an meine beiden Freundinnen *Ute Kiehne* und *Katharina Richter*, die immer da waren, wenn ich ihre Hilfe brauchte. Gemeinsam mit ihnen entstanden viele wundervolle Projekte, die diesen Ort erstrahlen lassen und wieder in seine Kraft bringen. Ich danke auch allen Kolleginnen und Kollegen, die bei den Naturheiltagen in Obermarsberg dabei waren, ihr Licht leuchten ließen und so ihren Teil zur Heilung dieses Ortes beigetragen haben. Danke an *Lisa Scheerer*, die mich mit ihrem Wissen über die Kraftlinien unterstützt hat.

Danke an drei wundervolle Fotografen, denen es gelang, die Magie Obermarsbergs und des Heilstollens in ihren Fotos einzufangen. Danke an *Daniel Rosenkranz*, der mir die Irminsul nach meinen Vorstellungen entwarf. Seine Zeichnungen der Wahrzeichen, Bäume und Pflanzen bereichern mein Buch durch die anschauliche Gestaltung. Danke an *Marlies Fösges*, die meinen Text sprachlich überarbeitet hat.

Ein riesiges DANKE gilt meinem lieben Mann *Marco*, der mir immer und überall den Rücken freihält, mich in all meinen Plänen und Ideen bestärkt und mich einfach so sein lässt, wie ich bin.

Ich bin sehr dankbar, in Obermarsberg, meinem Ort der Kraft, zu leben. Hier fühle ich mich tief verwurzelt und geborgen und habe Menschen getroffen, die meine Vision, ein spirituelles Zentrum entstehen zu lassen, mittragen. Die alten Kraftplätze und Pfade, die Pflanzen- und Baummagie, verbinden mich mit mir selbst und mit allem um mich herum. Sie verbinden Vergangenheit, Gegenwart und Zukunft. Hier bin ich innerlich und äußerlich angekommen und glücklich, meine Bestimmung leben zu können.
Und so ist das Ende dieses Buches schon wieder ein neuer Anfang, auf den ich mich freue!

In Dankbarkeit und Verbundenheit
Petra Rumpel

Über die Autorin

Petra Rumpel ist verheiratet und hat zwei er-
wachsene Kinder.
Sie ist ausgebildete Heilpraktikerin Psychotherapie, Entspannungspädagogin und Aroma-
therapeutin. Sie arbeitet ganzheitlich und verbindet
fachliche Kompetenz mit Warmherzigkeit und Empathie. Neben
Behandlungen in ihrer Praxis bietet sie Workshops, Meditations-
abende, Kraftortwanderungen etc. an.
Seit 2013 führt sie den Heilstollen Marsberg.

Infos dazu auf den folgenden Webseiten:

www.seelenoase-obermarsberg.de
www.seelenoase-shop.de

fb.me/SeelenoaseObermarsberg
Instagam: seelenoas_by_petrarumpel

Heilstollen-Marsberg.de

fb.me/Heilstollen Marsberg
Instagram: heilstollen_marsberg

Instagram: liebevolle_drachenweisheiten

Quellen

Fritz Kühn: *Sagen des Sauerlandes, 1938*

Heinz Rölleke: *Westfälische Sagen*

Heimatmuseum Obermarsberg: Archiv

P. Rupert Stadelmaier Herausgeber, überarbeitet durch H. Klüppel
u. H. Schmidt: *Die alte Stadt auf dem Berge*

Bildnachweis

© Dirk Hustadt, DirkHustadt.de

© Marc Schnittger, Antillu.de

© Monja Litzke

Zeichnungen

© Daniel Rosenkranz, Petra Rumpel

Petra Rumpel
Liebevolle Drachenweisheiten

Wie Drachen uns begleiten und unterstützen können
mit 13 farbigen Drachenbildern

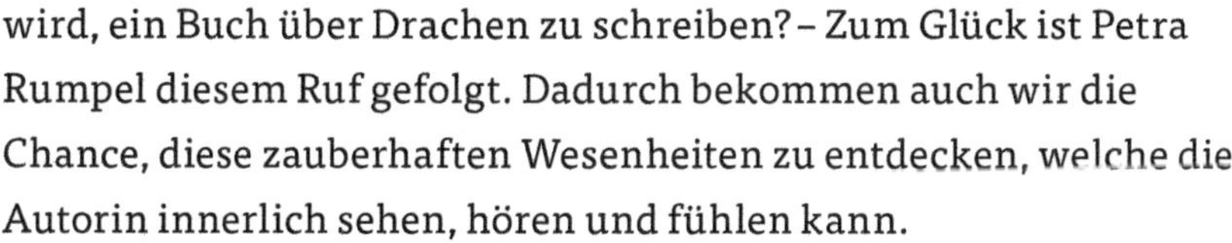

Was tun, wenn man mitten in der Nacht aus dem Tiefschlaf gerissen und aufgefordert wird, ein Buch über Drachen zu schreiben? – Zum Glück ist Petra Rumpel diesem Ruf gefolgt. Dadurch bekommen auch wir die Chance, diese zauberhaften Wesenheiten zu entdecken, welche die Autorin innerlich sehen, hören und fühlen kann.

Die hier vorgestellten 13 Drachen symbolisieren in uns ruhende archetypischen Kräfte. Werden wir uns ihrer bewusst, können sie unseren spirituellen Entfaltungsprozess enorm unterstützen. Neben den charakteristischen Eigenschaften der verschiedenen Drachen finden wir außerdem die Beschreibungen der jeweils zugehörigen Essenzen und Meditationen für eine vertiefende Verbindung zu ihnen. So können wir selbst Zugang zu der unendlichen Kraft und Liebe dieser Elementarwesen erlangen. Vielleicht finden wir sogar unseren ganz persönlichen Drachen …

In eigener, tiefer Verbundenheit zu diesen Energien kreierte die Künstlerin **Carola Gümüs** die wunderbaren Drachenbilder für dieses Buch.

ISBN: 9783867229401
Preis: 24,30
www.seelenoase-shop.de